图说南京中国近代史遗址博物馆

编者 南京中国近代史遗址博物馆管理建设办公室

东南大学出版社

撰　稿：沈旻　沈岚
摄　影：沈旻
校　对：叶永坚

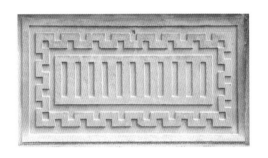

飞阅煦园，秋意正浓

序 Preface

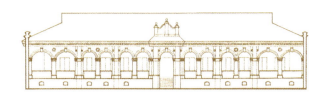

　　南京中国近代史遗址博物馆，是中国近代史上保存最完整、规模最大的府衙式建筑群，也是全国唯一一座见证中国近代百年历史风云的遗址型博物馆。景区现有145幢文物建筑，历史最早的可追溯至明朝，明汉王府始建于此，清代为江南总督署和两江总督署，太平天国运动时期洪秀全在此营建天王府，中华民国南京临时政府、国民政府、总统府亦建于此。今天博物馆建筑布局仍保留着1870年曾国藩重建两江总督署的格局。

　　博物馆依据建筑走势分为东、中、西三片区域。东区包括晚清马厩、陶林二公祠、国民政府行政院等景点；中区包括门楼、大堂、礼堂、会客室、子超楼等景点；西区有孙中山临时大总统办公室、秘书处、中山广场、孙中山起居室、煦园等景点。"清两江总督署史料展""洪秀全与天朝宫殿历史文物陈列""总统府文物史料陈列""孙中山与南京临时政府史料展""红旗插上总统府""人间正道是沧桑"等文物史料陈列展散布在各大区域。

　　摄影是对历史、人文和自然的再现与升华，优秀摄影作品能让人们轻松愉悦地领略历史的沧桑、自然的美妙以及人类社会的丰富多彩。书中作品通过摄影家的视野焦点，再现了南京中国近代史遗址博物馆建筑群跨越600多年的历史轨迹，反映了明、清、太平天国、民国四个时期的建筑风格以及相关重大事件和重要人物，深深镌刻着时代的烙印。

　　建筑是凝固的历史，博物馆的每一座建筑都蕴含着宏大厚重的文化底蕴。书中一帧帧记录历史瞬间的图像照片，一段段娓娓道来的经典史话，让读者得以穿越时空，身临其境，去感受近代中国百年间的风云变化。1912年元旦，孙中山先生在这里宣誓就任中华民国临时大总统，组建中国历史上第一个共和制国家政权——中华民国南京临时政府。1949年4月23日，人民解放军占领总统府，战士们扯下青天白日满地红旗，标志着国民党政权在大陆统治的终结，代表着一个崭新时代的开始。

　　《图说南京中国近代史遗址博物馆》的最大特点是将"图"与"说"结合，集历史文化与摄影艺术于一书，图文并茂，相辅相成。一册在手，按图索骥，既能充分领略遗址博物馆景区内美轮美奂的四季美景，又可探知隐秘于古建筑背后的真实故事。这是中国近代史上一幅风诡云谲的宏阔画卷，也是古都金陵文化与建筑艺术相结合的一处绝佳缩影。

编者

2020年7月

目录 *Contents*

概览

002 走进南京"总统府",感受百年近代中国
明汉王府、清两江总督署、太平天国天王府、中华民国临时大总统府、南京国民政府、总统府,红旗插上总统府,人间正道是沧桑,在这里人们可以感受中国近代历史跳动的脉搏……

中线景区

016 总统府门楼的前世今生
一座极具标志性的近代建筑,历经数度兴衰更替,浓缩了一段段匆匆过往。红旗飘扬在门楼上,开启了时代新篇章……

034 东西朝房

035 风云际会话大堂
探寻天京城破后洪秀全惨遭掘尸处,"逆首"何以最终被挫骨扬灰?品鉴大堂巨幅油画,感受总统府最经典的历史片段……

046 凝固过往的时光 ——礼堂
亲临昔日中枢典礼与外交礼仪之境,了解三次重大改造工程的来龙去脉……

050 驻足,总有一种感慨在等你 ——中堂、中轴玻璃穿廊

052 触摸历史的节点 ——八字厅和会客室
有朋远来,林森、蒋介石等民国政要均在此接见并招待各国使节,与华服高冠的中外宾客合影留念……

058 穿行在岁月的长廊 ——麒麟门和政务局办公楼
蒋介石在此出入彰显元首至尊,总裁文胆夜半自杀真相究竟为何……

073 树犹如此,人何以堪 ——风雨子超楼
讲述国民政府主席林森的私藏癖好,总统府三任秘书长的命运结局……

090 国府主席的国瓷情结 ——林森定制国府瓷
此情可待成追忆,世人鲜知国府瓷的一世传奇……

092 民国"御瓷" ——蒋宋夫妇与"中正蒋瓷"
送给美、英、苏、法同盟国元首的国府礼宾瓷,其制作工艺为何能博得蒋氏夫妇的青睐……

096	**蒋李之争** ——李宗仁在南京任副总统与代总统的日子	

在盛大的正副总统就职典礼上,蒋介石穿长袍马褂,旁若无人地站于台上,李宗仁则全身戎装如一介副官伫立其后,颇感难堪……

| 110 | **存亡之间** ——轰炸总统府之谜 |

设想这五吨炸弹倾泻在总统府建筑群上,无论从民国军事史还是史迹留存角度来讲,都将是一次致命"震撼",总统府历史无疑也会由此改写……

| 111 | **春色满庭芳** ——总统府后花园 |

这里是总统府最美赏春打卡地,有西洋式喷水池,有钢筋混凝土浇筑的防空洞,还有停过多款总统专用防弹轿车的车库……

东线景区

| 120 | **建筑转角,揉进的是岁月时光** ——国民政府行政院 |

谁曾被帝师翁同龢赞作"旷世奇才"?谭院长何以被视为"伴食宰相"?

| 130 | **竹影婆娑话复园** |
| 134 | **封侯之际万骨枯** ——"勋高柱石"碑亭 |

同治皇帝御笔"勋高柱石"巨型石碑,承载了一段曾国藩镇压太平天国血雨腥风的历史……

| 136 | **一祠佳话,三任名督** ——陶林二公祠 |

林则徐、左宗棠曾经一夕湘江夜话,左宗棠建祠以报陶、林知遇之恩,所有故事尽在其中……

| 147 | **厘治两江,历任名督** ——清两江总督署史料陈列馆 |

再现衙署大堂、督署花厅往昔风貌,感受清封疆大吏当年一品威仪,附十二位史上最具影响力两江总督政风履历……

| 154 | **天国风云录** ——洪秀全与天朝宫殿历史文物陈列 |

洪秀全在天王府开始贪图享乐,不思进取,耽于锦衣玉食,迷恋后妃成群、朝颂暮祷的荒诞奢靡生活……

| 162 | **天国金库寻踪** ——天王府窖金疑云 |

坊间关于曾国荃私吞天国圣库之财的"老饕"绰号越传越广,他是否因大肆昧金而一夜暴富?

| 169 | 清末军机处要案 ——洪秀全金玺失窃之谜
天王金玺在戒备森严的军机处不翼而飞,难道是太平军残部、捻军侠客深夜入宫盗宝,抑或军机处出了奸细?一时间朝野震动,慈禧太后更是勃然大怒……

| 171 | 东苑清幽处 ——马厩、南湖

西线景区

| 176 | 江南名园 ——煦园
无论是乾隆皇帝、历任两江总督,还是洪秀全、孙中山,都对煦园钟爱有加,流连于此并留下颇多兴味……

| 190 | 咫尺之间千万寻 ——六角亭与假山群
透过古典园林错落有致之湖石堆叠,品味曲径通幽处咫尺千寻远的深邃意境……

| 194 | 月色如倾,诗心永在 ——"枫桥夜泊"诗碑
一块咏赞姑苏枫桥的诗碑何以出现在金陵名园……

| 196 | 雨打梧桐听琴音 ——桐音馆
曾国藩酷爱围棋,桐音馆是他与友人经常对弈的所在。其晚年每日必与人对弈两局,直至临终前一天,几无间断……

| 198 | 返璞归真 ——棕榈亭
| 199 | 君臣知遇,墨宝永存 ——"印心石屋"碑
陶澍以道光帝御书为一生最大荣耀,命人在自己曾经任职处勒石摹刻,用以感念皇恩知遇……

| 201 | 名臣归宿 ——花厅
太平湖畔,忘飞阁旁,一代中兴名臣溘然长逝在距生死冤家洪秀全金龙殿葬身处不足百米之地。不知是人生的宿命还是历史的巧合,如此的殊途同归难免让人心生感慨,唏嘘不已……

| 204 | 永结同心,寿如磐石 ——方胜亭、"寿"字石
一座造型独特的亭子,为何引来无数情侣在此驻足留影……

| 207 | 登舟遨游,喜忧参半谕古今 ——不系舟
乾隆皇帝驾临金陵,置身于江南秀美园林中,当得知此舟取义庄子《南华经》时,不禁慨然思古谕今……

| 216 | 极目四望满庭春 ——望亭
| 218 | 云气日夕佳,风光胜一筹 ——夕佳楼

226 群鸟翔集，乐而忘归 ——忘飞阁
忘飞阁，多么充满诗情画意、令人浮想联翩的名字：鸟乐而忘飞，人游之忘言……

232 书法瑰宝 ——三段碑
东吴帝孙皓在天玺年间所立记功碑，其来历荒诞传奇姑且不论，单就碑上独树一帜的书法而言，即为世所罕见之珍品……

234 乾隆御笔 ——御碑亭
乾隆曾为两任两江总督御笔题诗，此二人的最终命运却大相径庭……

236 共和肇始之地 ——孙中山临时大总统办公室
1912年元旦，万象更新，孙中山在原两江总督署"西花厅"就任中华民国临时大总统……

246 伟人风范永留存 ——孙中山与南京临时政府史料展
回顾推翻帝制、肇建共和的壮举，展现一代伟人光辉历程……

251 卧波太平湖 ——漪澜阁

254 武圣忠义勇 ——关帝庙
祭祀关公的关帝庙为何坐落于此？重修武圣庙碑文撰写者又是何人？追寻300多年前发生在南京城下的一场生死大战……

256 平民大总统的92天 ——孙中山起居室
南京有数处缅怀伟人孙中山之地，除了他长眠的绿色葱茏中山陵，还有这座可以感受他奋斗进取人生的平凡小楼……

261 湖畔静观霜叶红 ——博爱湖、总统府图书馆

266 民国走马回字楼 ——国民政府主计处

268 砖瓦依稀民国风 ——"总统府"文化服务区（南京1912）

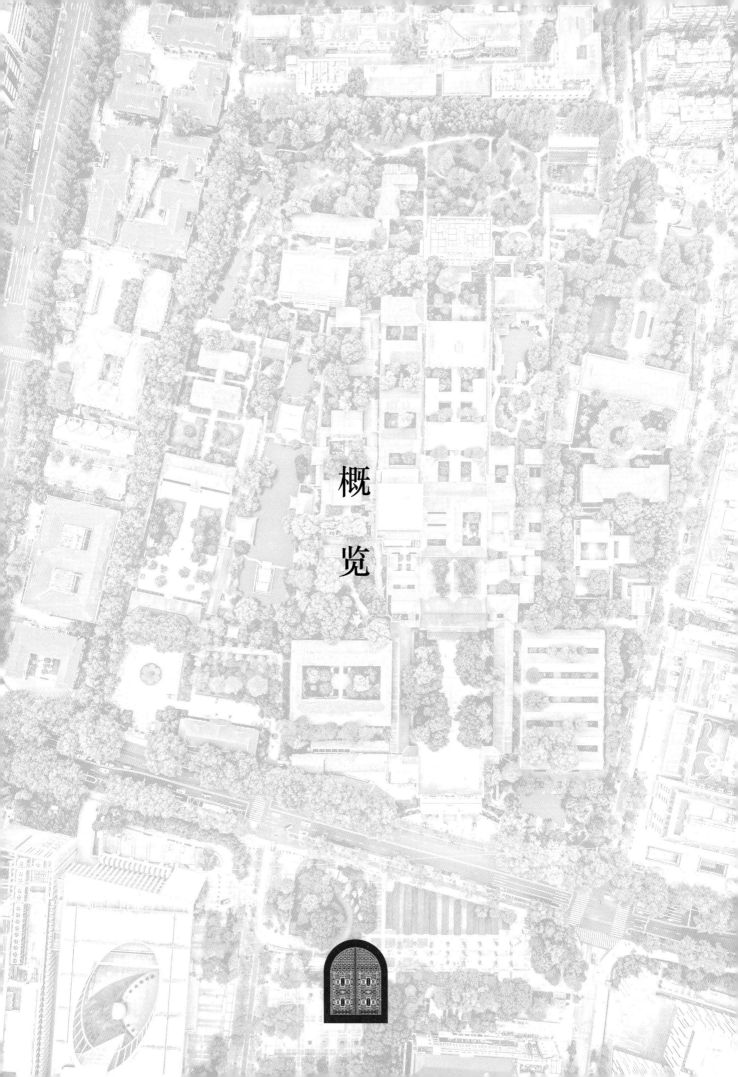

概览

走进南京"总统府",感受百年近代中国

总统府门前石狮为两江总督署遗存

  南京,简称"宁",古称金陵,首批国家历史文化名城之一,被誉为"博爱之都"。它有着7000多年文明史、近2600年建城史和近500年建都史,有"六朝古都""十朝都会"之称。位于古城东南一隅的"总统府",历经明初汉王府、清两江总督署,更作为太平天国、南京国民政府中枢所在地,在中国近现代史上的地位举足轻重。这一重要历史建筑遗存现已辟为备受世人瞩目的南京中国近代史遗址博物馆,它究竟有多么"火",让我们跟随摄影师的镜头去看看吧……

  俄国作家果戈理曾有句名言:传说与歌谣都已沉默的时候,只有建筑还在说话。南京总统府建筑群的一砖一瓦无不蕴涵大量历史信息:从明汉王府蜿蜒龙墙围就的深宅大院,到清两江总督署的幽雅花厅;从太平天国时期的望亭,到孙

冬雪覆盖下的南京"总统府"建筑群，银装素裹，分外妖娆

中山临时大总统办公室；从冯国璋所建西洋味十足的八字厅，到蒋介石曾经办公的子超楼……伫立在大堂六幅巨型油画前，六百年的历史轮回仿佛穿越时空奔涌而出，往昔的天国风云与厘治两江、金戈铁马与内忧外患、外交风云与国共和谈尽现眼前。历史并不遥远，你仿佛能够触摸到它的脉搏，感受到它的存在。

如今南京"总统府"每天总是游人如织，厚重的历史文化积淀，悠久的古建筑群，充满斑驳传奇的色彩，让来自世界各地的人们流连忘返，将其作为旅游南京的首选之地，从中感受六百年的沧桑巨变。这里的每幢建筑仿佛都是部无比厚重的史书，正等待着人们去探索，去研读，去感悟……

西线景区之夕阳余晖下的夕佳楼

概览

东线景区之复园回廊

现代化都市建筑群环绕中的南京"总统府",犹如都市里的一块翡翠

门楼

南京长江路文化街区摄影大赛特等奖作品《感受总统府》

大堂

南京"总统府"三个历史阶段：清两江总督署、太平天国、中华民国

五座代表性建筑：门楼、大堂、子超楼、孙中山临时大总统办公室、不系舟

概览

孙中山临时大总统办公室

子超楼

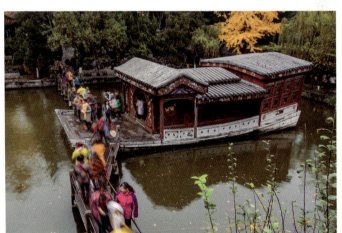

不系舟

南京"总统府"为全国重点文物保护单位，国家 AAAA 级景区

007

南京"总统府"建筑群，位于南京市长江路292号，迄今已有600多年历史。

明朝初年，这里曾是归德侯府和汉王府。清朝为江南总督署、两江总督署，也是江宁织造府的一部分。清康熙、乾隆皇帝下江南时皆以此为"行宫"。陶澍、曾国藩、李鸿章、沈葆桢、刘坤一、左宗棠、端方等清朝重臣均在这里就任总督要职。太平天国时期，洪秀全在此兴建了规模宏大的天朝宫殿。随着太平天国运动的失败，天朝宫殿也被湘军付之一炬。此后担任两江总督的曾国藩重建总督衙署。1912年元旦，孙中山于此宣誓就任中华民国临时大总统。以后15年间它曾作为江苏都督府、副总统府等机构驻地。1927年南京国民政府成立后成为国民政府中枢所在地。抗日战争南京沦陷期间成为日军机关和汪伪政权办公处。抗战胜利后国府还都，民国权力中枢重归于此，1948年5月改称总统府。

1949年4月23日南京解放，中国人民解放军占领总统府，将红旗插上总统府门楼，标志着旧时代的结束与新时代的开启。此后这里长期作为江苏省人民政府机关办公场所。1999年江苏省委省政府决定在总统府旧址筹建南京中国近代史遗址博物馆。如今这里是双重全国重点文物保护单位，经过精心规划及多年恢复建设，逐渐形成今日规模。

南京总统府景区占地面积85365平方米，拥有145幢历史建筑，建筑面积达38839平方米，分中线、东线、西线三片景区。中线景区是总统府中轴线所在区域，包括大堂、礼堂、中堂、八字厅、麒麟门、政务局楼、子超楼等民国建筑，重点展示南京国民政府、总统府及所属机构文物史料陈列和《红旗插上总统府》《人间正道是沧桑》两个特展。

东线景区主要囊括陶林二公祠、马厩、东花园及行政院南北办公楼等，以展示太平天国、两江总督署、行政院建筑为主要特色，并设有洪秀全与天朝宫殿历史文物陈列、清两江总督署史料陈列、行政院文物史料陈列等展览。

西线景区以煦园及太平湖为中心，点缀着桐音馆、鸳鸯亭、不系舟、忘飞阁、夕佳楼、漪澜阁、关帝庙，以及孙中山临时大总统办公室、孙中山起居室等历史建筑，呈现出晚清江南园林特色，并辟有孙中山与南京临时政府史料展。

南京"总统府"正是以诸多保存完好的近代中西建筑遗存、全国独一无二的民国历史文化氛围、优美的园林景观和珍贵的文物史料蜚声海内外，每年吸引世界各地数百万游客前来参观游览。

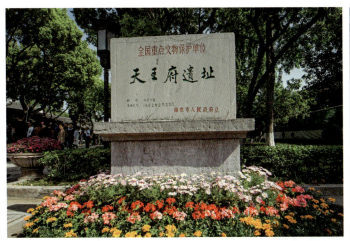

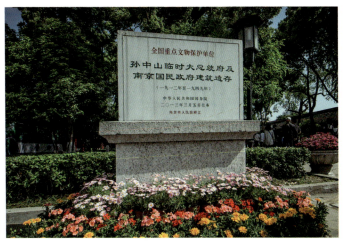

《红旗插上总统府》展览实景

《人间正道是沧桑》图片史料展

20世纪30年代国民政府俯瞰旧影

让我们沿着300多米的中轴线向中线景区进发，然后折向东线景区，最后再转向西线景区参观。一帧帧追光影像凝固了曾经的过往，将总统府内诸多景点的前世今生向您一一呈现……

总统府景区游览区域与本书景点介绍顺序示意图

中线景区

门楼的前世今生　东西朝房
风云际会话大堂
中堂　中轴玻璃穿廊　礼堂
八字厅和会客室
麒麟门和政务局办公楼
风雨子超楼
林森定制国府瓷
蒋宋夫妇与『中正蒋瓷』
李宗仁在南京任副总统与代总统的日子
轰炸总统府之谜
总统府后花园

总统府门楼的前世今生

南京"总统府"所在地理位置叫做大行宫。清乾隆十六年（1751年），两江总督尹继善为迎接乾隆皇帝第一次南巡，以江宁织造衙署为基础改扩建为行宫，大行宫由此得名。总统府大门前的道路名为长江路，民国时期先后称作林森路、国府路，前者是为了纪念75岁时因车祸在重庆逝世的国民政府主席林森，后者则是因其位于国民政府门前而得名。长江路东端有一条长数百米的汉府街，系因明初汉王陈理的王府在此而得名，长江路292号大院是汉王府的一部分，汉王府后来成为明成祖朱棣之子朱高煦的王府，朱高煦亦被封为汉王。

总统府门楼见证了中国百年的历史变迁

清代，作为两江总督署衙，前门两侧立有两座东西辕门与"两江保障""三省钧衡"两座牌坊，牌坊外沿署衙南北向道路分别名为东、西箭道。如今东箭道仍保持原名，而西箭道早已不复存在。

看过《建国大业》《人民解放军占领南京》《钟山风雨》《换了人间》等影视片的人一定熟悉这座在中国近现代史上留有特殊印记的民国标志性建筑——总统府门楼，因为它标志着一个旧政权的覆灭和一个新时代的开始。

1864年法国画刊刊载的铜版画——洪秀全与天王府荣光门

1909年外国摄影师镜头下的两江总督署东西辕门，透过辕门可以看见总督署大门前的石狮

　　总统府门楼原址是清两江总督署头门，太平天国时建天朝宫殿"真神荣光门"，又称"皇天门""凤门"，1864年清兵攻破天京后将此门焚毁，同治年间曾国藩重建两江总督衙署时建造了督署大门，此门一直被孙中山临时大总统府、江苏督军署等机构沿用，直至1927年4月18日南京国民政府成立。当时国民政府办公地点在江苏咨议局，即今湖南路江苏省军区司令部所在地，1927年9月20日才迁到旧督军署（今长江路292号）办公。1928年10月蒋介石任国民政府主席后，这里作为政府中枢，外事活动日益增多，外宾频频光顾国府大院。由于院内场地狭小，汽车掉头都显得局促，实在是有损国体，于是时任外交部部长的王正廷建议将旧督军署大门拆除，重建一座新门"以壮观瞻"，并立即征得蒋介石的同意。门楼由建筑师姚彬设计绘图，南京文达工程建筑公司中标承建，1929年9月5日与参军处签订合同后即行开工，工程款共约3万大洋，按合同规定分五次付给，当年12月20日便告竣工。门额上书写的"国民政府"四个大字，一说为国民政府委员谭延闿手书，另有一说为谭延闿之弟书法大家谭泽闿所书。砖混结构的大门总高13.5米，共计三层，内有三个门洞，整体形制外圆内方，厚实坚固，宏伟气派。其临街外立面有八根高达7.7米的古希腊爱奥尼克式柱，两根一组竖立于基座之上，每根柱上装饰有14道平齿凹槽，沟槽较深，呈半圆形，柱头装饰物为两个相连的圆形涡卷，涡卷上有顶板直接楣梁。整座门楼为西方古典门廊式建筑，而原"国民政府"与后来"总统府"门额大字位置为阶梯形

1912年元旦，孙中山临时大总统府大门，门楣上悬挂五色旗与十八星旗

1930年代国民政府门楼

女儿墙，系中国徽派建筑最显著的外部特征。门前一对石狮则为清两江总督署建筑遗存。

1937年抗日战争全面爆发，12月13日南京沦陷，日军在门楼前举行入城式，并在门侧悬挂第十六师团部木牌。此后相继成为伪维新政府、汪伪监察院等机构大门。抗战胜利国府还都后这里仍为国民政府大门。1948年5月"行宪国大"召开，国民政府主席改称"总统"。正副"总统"就职前夕，因时间仓促，由总统府资政周钟岳专门赶写了"总统府"三个大字，总务局官员雇人用木料制作后，贴上金箔安装在整修一新的门楼上，就将原先的"国民政府"换嵌成"总统府"了。今天游客所见这三个字是依照原样复制后重新挂上去的。

1937年12月13日南京沦陷，日军在国民政府门前举行占领南京入城仪式

1938年3月28日，日军在华中扶植的傀儡政权中华民国维新政府在原国民政府成立。图为当时发行的伪维新政府大门明信片，"中华民国维新政府"门额为汉奸文人江亢虎书写

1946年5月国府还都前，修葺一新的国民政府大门

1946年还都后的国府大门一派喜庆，延续了临时大总统府时期满饰的做法，八根爱奥尼克式巨柱尽显风格

大型油画《占领总统府》所绘门楼之上弹痕累累，硝烟弥漫

1949年4月24日中国人民解放军将红旗插上总统府门楼。关于门楼的历史照片与艺术画作很多，其中最著名的一张照片《解放军占领总统府》，其实是随军记者邹健东后来补摄的摆拍作品。而大型油画《占领总统府》（又名《蒋家王朝的覆灭》）堪称中国现代美术史上的一幅力作，系油画大师陈逸飞、魏景山1976年为中国人民革命军事博物馆陈列，凭借艺术想象创作而成。画面呈现给观众的是枪林弹雨激战后的总统府，但见总统府门楼上空硝烟弥漫，解放军战士冲上门楼升起红旗。作品场面宏大且构图极富张力，以凌空俯瞰的视角着力塑造了一组不同年龄、性格各异的普通战士群像。围绕红旗这一中心点的人物造型神形兼备：中心位置一名战士正挥臂展开红旗准备升上高空，一面青天白日满地红旗斜向耷拉在门楼墙上，墙垛上堆放着防御工事垒砌的沙袋，边上散落着激战中遗留的子弹壳；指挥员伸出戴手表的手腕，为的是记住这令人难忘的历史时刻；所有处在画面前方的战士皆昂首仰视，庄严地向红旗行注目礼。画面左方平台上的战士仰望红旗举枪振臂欢呼，右方一组战士则攀爬着冲上了制高点，画面背景则是人民解放军冲入总统府的滚滚洪流。

据说为了表现总统府门楼上百孔千疮、弹痕累累的效果，创作者共画了四十几块破损不同的石块，从一个侧面反映了战争的惨烈程度。画家还绘制出滚滚浓烟遮挡住大部分天空和背景，具有强烈的英雄主义色彩，且极富艺术感染力。

油画创作者"力求使包括场景、形象、服装、道具和其他细节等构成画面的各种因素尽量真实可信，凡是可以实物写生的尽量参考实物写生"，然而历史终究是历史，和艺术再创作是两回事。首先，门楼顶部建筑结构与画面有较大出入，旗杆下面实际是有水泥护栏的，而非一座毫无遮拦的平台。更重要的是当年占领总统府的解放军部队（1947年宣布起义后改编而成的中国人民解放军第35军吴化文部）并未遭遇激战，不费一枪一弹就开进了总统府，所以油画中弹痕累累、硝烟滚滚的场景来源于两位画家的艺术想象。

就让我们根据当年占领总统府的解放军官兵管玉泉（三野第七兵团35军第104师312团3营营长）、徐敏忠（原312团3营通讯员）在2008年6月《海峡都市报》及其他报刊系列专访来重温这段真实难忘的历史片断吧。

"1949年4月23日深夜11点，南京长江路292号。夜幕下的总统府，三扇大铁门紧闭，前院空空荡荡，早已是人走房空。整个总统府，从前到后，到处飘洒着纸张文件、废弃报纸，还不时冒着缕缕青烟。只有几个房间还闪烁着忽明忽暗的灯光。"

1949年4月20日晚至21日，人民解放军渡江战役正式打响

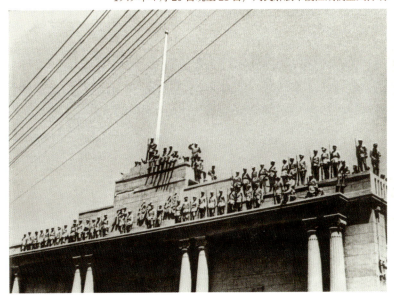

《解放军占领总统府》系随军记者邹健东补拍照片

1949年4月27日，南京各界在总统府门前欢庆解放

中央档案馆藏毛泽东起草的他和朱德给人民解放军《向全国进军的命令》。随后中国人民解放军在东起江阴、西至湖口，长达 1000 里的战线上，强渡长江天堑，彻底摧毁国民党苦心经营的长江防线

1948年4月23日，毛主席欣闻南京解放，写下著名的《七律·人民解放军占领南京》

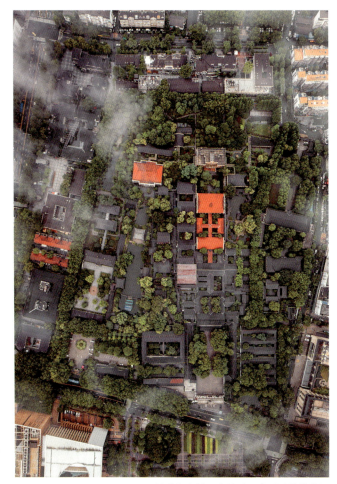

毛泽东手迹《七律·人民解放军占领南京》　　　　　　　　　让我们穿越历史迷雾，去看过往的曾经

管玉泉率部抵达总统府后，发现尽管大门紧闭，却只是用插销插着，没有上锁。当部队到大门口时，里面很快就有了反应，出来两三个人配合地将大门打开。六名战士用力推开沉重的镂花大铁门，大队人马立即涌入，抢占有利地形，控制了整个总统府大院。当时未遭到残敌顽抗，只俘虏了10多名未佩枪弹的卫兵。

总统府门楼是一座庞大建筑物，进门首先看到东墙上一幅蒋介石身着军装的画像，通讯班班长王保仁、战士刘学山端起枪连打了数枪。随后由俘虏兵引领登上总统府顶楼，看到旗杆上还挂着"狼牙旗"，营长管玉泉一个箭步冲上去将其扯下，换上一面冲锋用的红旗。此时正好是4月24日上午8时。

战士们随即进入总统府办公楼子超楼内，挨个房间进行巡视。最先到的是二楼蒋介石和李宗仁办公室，见"总统办公室""副总统办公室"的木牌还赫然挂着。在蒋介石办公室的大办公桌上，台钟、笔插、毛笔、镇纸等依次摆放，桌上台历则显示着前一天的日历：中华民国卅八年4月23日星期六农历己丑年三月。

3营其他战士也已分头顺利抢占总统府附近的国民党中央机关。机炮连战友在占领水利部后，从外围包围了总统府，尽管未遇任何抵抗，他们还是在外留守。完全控制总统府后，营长即命令通讯班向团部汇报这一喜讯，团里又逐级向上报告。

由于解放军指战员多来自农村，进总统府后闹出不少笑话，有的乱扔东西，有的找不到厕所随地大小便，有的把地毯剪成一条条当背包带，有的战士还在电灯泡上点烟……

4月29日，陈毅、刘伯承、邓小平三位渡江战役总前委首长带着警卫人员进入总统府，亲切慰问指战员们。管玉泉营长陪同三位首长到蒋介石办公室、会议室及其他地方看了一遍。首长们在表扬他们的同时指出："你们搞得乱七八糟的太不卫生了，不要忘了'三大纪律，八项注意'，要遵守'入城守则'！"送走首长后战士们立刻行动起来，清理杂物，打扫卫生，安排就绪后留下九连守护总统府。

徐敏忠回忆道，他们当天就开始对总统府的物品进行清理。除在各办公室整理国民党来不及带走的文件、家具外，还清点了各类物资。总统府前院西侧车库停放着崭新的雪佛莱、福特、别克轿车各一辆，后院车库则发现美式中吉普一辆，基姆西卡车一辆，汽油170加仑。从总统府图书馆中清点出全套的《国民政府公报》和《总统府公报》，餐厅还发现了大量珍贵的景德镇青瓷餐具。

在许多影视作品中，占领总统府场景总能成为点睛之笔

最令人称奇的是，从子超楼蒋介石总统办公室里居然发现了一对曾国藩镌名的鸡血石章，一对翡翠石章，两串清代朝珠，一套线装雕刻版《曾文正公全集》。后来了解到，蒋介石对晚清重臣曾国藩一向推崇备至，对曾氏物品自然情有独钟。蒋介石于1月20日前后"引退"时，满以为离开南京只是几个月的工夫，以他1927年和1932年两次"下野"的经验，重登总统宝座仅仅是时间问题，所以未将这几件东西带走，可万万没想到这一去就再不复返了。

战士们白天清点完物品后，晚上席地而卧，睡前都要检查，确保一根针线不入各自口袋。4月30日，35军奉命离开南京，管玉泉就带领先遣部队撤出总统府，去浙江执行新的任务。

据三野随军摄影记者邹健东回忆，他所摄占领总统府照片不是24号，而是27号拍摄的，使用的是德国蔡司相机。为记录这一重大历史时刻，邹健东请示部队领导同意后，在警卫连战士积极配合下，于上午10时许拍下一组追记解放军占领总统府的珍贵照片。

解放后，总统府相继成为南京市文管会、江苏省人民政府委员会、江苏省人民政协等机关所在地。1958年大跃进时期大炼钢铁，门洞内三扇从法国进口的西洋式铸铁大门被拆化为铁水，取而代之的是三扇朱红色木门，直到2003年才由南京晨光机器制造厂按原样对重达11吨的铸铁大门进行了复制与安装。

总统府前原本立有一座大照壁，总长61.07米，高11.28米，像一个弓形正对着总统府大门，在长江路上民国建筑群中特色鲜明。照壁外有座栏杆围着的花园，内立太平天国起义百年纪念碑，四周雪松环绕，民国风格浓郁。照壁原址是太平天国皇天门，天京沦陷后，同治十一年（1872年）重建两江总督府大门时，将大照壁作为大门的附属建筑。1929年总统府门楼修建好以后，正对面便是这座照壁，当时显得又矮又破，与西式新门楼极不协调。照壁是典型的中国传统

1931年国民政府大门与大照壁航拍影像

大照壁2002年8月24日最后留给人们最后的影像

2003年2月22日总统府铸铁大门恢复安装工程夜间施工现场

建筑样式，讲究的是"前有照，后有靠"，为了既不致"数典忘祖"，又与新建的门楼相协调，国府参军处不得不追加预算，改建照壁。为赶工省钱，就原封不动地在旧照壁上加高几米，还特地在顶部加做了一些巴洛克雕饰。所以后来照壁上能明显看出中间有一道缝，分为上下两截。

2001年为迎接世界华商大会在南京召开，有关方面对大行宫地区进行开发改造，照壁南面大片民房拆除后，它变成一座孤立的墙壁。2002年9月这座屹立了百余年的大照壁被拆除。随后长江路拓宽，南京图书馆、江苏美术馆新馆、六朝博物馆等建筑拔地而起。

关于门楼前身，史学界目前存在多种说法：一说是前清江苏巡抚程德全被袁世凯任命为江苏都督后，在原两江总督署仪门前新建了一座都督府大门，也有说是二次革命后冯国璋接任江苏都督期间所建，因为直隶将领出身的冯国璋较程德全思想新派，更倾向于在新建官衙大门时一改旧制，采式西洋。1928年国民政府定都南京之后，对该门楼进行了简单的改头换面，铲去上面门头字样与部分装饰纹样，同时拿掉左、中、右三个西洋式挂钟，挂上"国民政府"牌匾与国民党党徽。从1929年蒋介石下令建造国民政府新门楼之前的航拍旧照上，人们隐约可见当年国府路以北与大堂以南之间存在两座建筑，南面那座建筑的体量同这座都督府门楼极为相似。

引发争议的几幅门楼旧照。有学者判断为国民政府门楼改造前的大门，亦有学者认为此系1932年国民政府迁都洛阳后的门楼照片

2012年11月《金陵晚报》老南京版刊发过一张配图旧照,作者依据门口悬挂的"国民政府"牌匾以及门楼前的石狮造型,判断其为1929年国民政府门楼改建前的历史照片。不少学者对此持反对意见,指出此照片实际并非摄于1929年前而是1932年,拍摄地点不是在南京而是洛阳。因为1932年一·二八事变爆发,日军侵犯上海、威胁南京,国民政府不得不迁都洛阳,一度在河洛图书馆办公,待《淞沪停战协议》签订后,即于同年12月1日迁回南京原址。他们据此认为照片所摄应为那一时期迁往洛阳的国民政府大门,而据洛阳市的地方史志记载,1939年3月河洛图书馆被日机炸毁,时过境迁,这也给照片的认证造成困难。

1900年晚清时期的两江总督署大门

民国初年,时任江苏都督有可能在原两江总督署仪门前新建了一座西式"都督府"大门,从当时照片的英文标注可见该建筑地点为南京

1929年国民政府航拍与2018年航拍对比,可以辨识建筑群布局发生的一系列变化:当年国府路以北、大堂以南之间存在两座建筑

还有学者查找1932年2月有关迁都的时事新闻，发现同年第9卷第7期《国闻周报》所载报道《政府迁洛誓与暴日决斗》中提到"党部及国府设河洛图书馆，国府内各处在前院，党部在后院"，同时刊登了新闻照片"行都国府（原河洛图书馆）"。在这张照片中，河洛图书馆大门虽呈圆形门洞状，但和晚报披露照片门楼风格迥异。而在1929年中华全国电政同人公益会《会报》第48期上登有该会代表团当时在首都南京请愿的系列新闻照，其中有一张注明为代表团在国民政府门前请愿照，与那张有争议的老照片特征完全吻合。

由于都督府门楼的存在未见于相关门楼改造的历史档案，也有人判断该建筑很可能建在南京其他地方，而非现今门楼建筑之前身。

一张旧照引发诸多争议，到底孰是孰非？所有这些还有待人们进一步探寻与考证。

1980年航拍镜头下总统府全景，可见门楼以南大照壁与大片民居

俯视门楼北立面与南立面不同，三个门洞皆呈方形

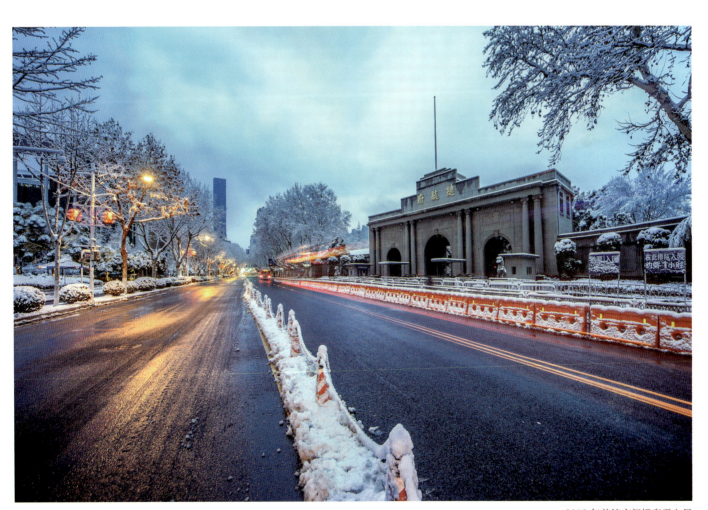

2019 年总统府门楼春雪之晨

图说 | 南京中国近代史遗址博物馆

今日门楼流光溢彩,历史的长河在这里静静流淌

爱奥尼克柱在中国民间俗称"罗马柱",它是古希腊神殿列柱常用柱型之一,因曾流行于创造《荷马史诗》的爱奥尼亚人居住地区而得名。西方古典主义建筑的五大基本柱式为多立克柱式、爱奥尼克柱式、科林斯柱式、塔司干柱式和混合柱式。

总统府门楼爱奥尼克柱饰细节

总统府门楼两侧围墙水泥装饰细节

东西朝房

总统府门楼后东西两侧的平房建于晚清同治年间,"连檐通脊灰瓦顶,不施斗拱,门窗素简",长62.3米,宽8米,现有中部两个通道为民国时期打通。清代这里是两江总督下属各部门官员的办公朝房,东侧为吏、户、礼科,西侧为兵、刑、工科。民国期间为卫戍士兵营房,现今这里已辟为景区游客中心与金陵旅游特色商店。

风云际会话大堂

穿过西式门楼，此即总统府大堂，典型的中式建筑样式。大堂面阔七开间，东西长 33.19 米，南北宽 19.3 米，两边各有一间耳房和一道砖门，门楣上均有砖雕匾额，分别刻有清峙、琼树、飞黄、璇蠡字样。"清峙"乃清丽峻拔之意，喻意品格高洁刚毅。"琼树"是树的美称，亦称瑶林琼树，比喻人品美好。"飞黄"是传说中神马的名字，作"飞黄腾达"之解。"璇蠡"意为园中湖水由玉石中流出的清泉积聚而成，形容品德高尚。

2013 年中国古建大赛江苏赛区银奖作品《走进中国百年》

大堂东西侧门楣上的砖雕

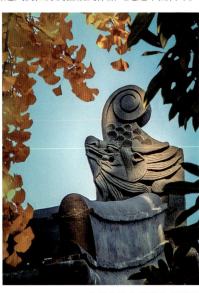

大堂主脊上的鸱吻兽造型

油画《天国风云》，作者李建国
1853年，太平天国定都天京，天王洪秀全率诸王与清朝政府形成分庭抗礼之势

油画《厘治两江》，作者王浩辉
两江总督修饬封疆，厘治军民，管辖江南、江西地区，定制一人，驻江宁。江南分省后，节制江苏、安徽、江西巡抚，辖江苏、江宁、安徽、江西四布政使（左起：张之洞、李鸿章、左宗棠、曾国藩、刘坤一）

  两江总督衙署历史上曾兴建过两次。顺治二年（1645年）清军攻克南京，为加强对周边地区的统治、剿灭反清势力，改南京为江南省（辖江苏、安徽），改应天府为江宁府。顺治四年（1647年）7月初设江南、江西、河南三省总督，首任总督马国柱在此修建总督衙署。据文字记载，嘉庆末年（1820年）十二月初三，孙玉庭两江总督任上，大堂遭遇大火，虽经众人奋力扑救，建筑仍遭彻底焚毁。1853年3月，太平军攻入南京，两江总督陆建瀛仓皇出逃，洪秀全下令将原大堂拆去，在此兴建天王府的金龙大殿。现存大堂建筑则由曾国藩重建于清同治年间。

1910年两江总督署大堂

1912年4月3日，官兵在大堂前列队送别孙中山

1939年伪维新政府行政院大堂

1932年1月1日，林森就任国民政府主席后，在国府大堂与军政主官们合影

1864年7月末，湘军总兵熊登武据一宫女密告，在天王府大殿内掘地挖尸

太平天国时期这里为天王府荣光大殿所在，亦称"金龙殿"，是洪秀全上朝时接受百官朝拜的地方，当年梁柱涂金，富丽堂皇。然而天京事变使太平天国元气大伤，天国神话逐渐破灭。及至1864年，被围数月的天京城内风声鹤唳，人人自危，李秀成一再劝天王率众突围，让城别走，被洪秀全断然拒绝。最后关头，洪秀全精神崩溃，食"甜露"（即苔藓与野草的混合物）病倒，在湘军隆隆炮声和后宫粉黛嗟怨中一命归西，他死后48天，天国大厦终于分崩离析。洪秀全人生的最后时刻凄惨而悲凉，留给后人太多的感喟。

1864年7月19日，天京内外黑云密布，火光冲天。正午时分，曾国藩九弟曾国荃一声号令，太平门城墙在如雷巨响中被炸塌二十余丈，"砖石飞落如雨，各军为石击伤数十名"，一时间"烟雾塞空，蔽钟山，下半不见"，爆炸声撼动了整个天京城。数万杀红眼的湘军如决堤洪水呐喊着蜂拥而入，太平军数千人拼死堵御，两军"鏖战三时之久"，守城太平军再也无法抵挡，战至傍晚，九门皆破，天京失陷。湘军"见人即杀，见屋即烧"，将天京城翻了个底朝天，目的就是要活捉"逆首"，洪秀全却踪迹全无。

实际早在天京陷落前，洪秀全便已撒手人寰，死后浑身上下用黄色锦缎包裹得严严实实，按宗教仪式葬于天王府内。湘军总兵熊登武最终在一名黄姓宫女的指引下，派人在天王府大殿内掘地挖尸，将所得尸身扛到雨花台湘军大营给曾国藩等人验看——曾、洪这两个搏杀多年的生死冤家此前从未谋面，不料竟以如此奇特的方式聚了头。李圭《金陵兵事汇

油画《共和肇始》，作者陈世宁
1912年1月，孙中山组织中华民国临时政府，中国第一个共和制国家政权诞生（左起：教育总长蔡元培、陆军总长黄兴、临时大总统孙中山、参议院议长林森、临时大总统府秘书长胡汉民、法制局局长宋教仁）

油画《国府西迁》，作者时卫平
1937年11月，日军迫近南京城。林森率国民政府仓促西迁重庆（左起：立法院院长孙科、国府主席林森、监察院院长于右任、行政院院长蒋介石、司法院院长居正、考试院院长戴季陶）

略》所引曾国藩奏折称："该逆尸遵尚邪教，不用棺木，遍身皆用绣龙黄缎包裹，虽缠脚亦系龙缎，头秃无发，须尚全存，已间白矣，左股右膀肉犹未脱。验毕，戮尸举烈火焚之。"清军奉令刀斧齐下，先将洪尸剁为肉酱，再用大火烧成灰烬。近世以来，关于曾国藩如何对待宿敌尸体曾流传过如下一种说法，即曾大人因仍不解恨，命人将其骨灰拌入火药，填进炮弹发射出去，定要让洪逆灰飞烟灭，阴魂无归——但这不过是小说家对历史的离奇演义罢了。清军攻陷南京大肆掠夺后，纵火将"金龙殿"与天朝宫殿付之一炬。

1911年辛亥革命后，17省代表推举孙中山为中华民国临时政府的大总统。1912年元旦，孙中山从上海来到这里。当晚11点左右，中华民国临时大总统就职典礼正式开始。典礼本打算在大堂举行，因南京冬季特别寒冷，就移到大堂后面的暖阁举行。是时，南京北极阁炮台发出礼炮21响，下关江面上的军舰也拉响汽笛。中国历史上第一个民主共和国——中华民国从此诞生。为纪念这个划时代的历史事件，现在大堂正中悬挂一幅暗红底金字大匾，上有孙中山手书"天下为公"四字。孙中山经常题写这四个字赠送给友人和部属，以表达"国家的权力为天下人所公有"的思想。

现大堂墙壁悬挂有六幅油画，依次为表现太平天国起义的"天国风云"，展示清朝两江总督时期的"厘治两江"，描述孙中山革命的"共和肇始"，反映抗日战争时期南京陷落前夕的"国府西迁"，讲述国共两党谈判的"国共和谈"，以及南京最后解放的"煦园曙光"，艺术再现了一百多年来中国近现代史上在此叱咤风云的史事人物。

1949年4月25日，人民解放军占领总统府后的大堂

传达窗在清两江总督署时主要是夜间使用。穿堂关闭后，窗内点灯用于内外传达

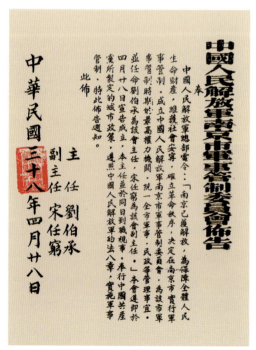

南京市档案馆藏1949年4月28日《中国人民解放军南京军事管制委员会布告》，落款时间为中华民国三十八年，当时中华人民共和国尚未诞生

据记载，大堂曾于1935年悬挂过蒋介石题写的"天下为公"匾额，日军占领南京后便不知去向。1948年5月20日蒋介石"当选"总统后，并非每天都到总统府，大部分时间是在距此不远的黄埔路中央军校"憩庐"官邸办公，只有接受外国大使递交国书、接见外宾、召开重要会议、参加总理纪念周等例行公事时才到总统府来。从憩庐到总统府坐汽车仅需几分钟，但每次蒋介石到达前，总务局事先都要周密布置，以防不测。车队出发后，沿途黄埔路、中山东路、汉府街实行半戒严，进入国府路后则是全戒严，三步一岗，五步一哨，每个岗亭传达通知下一个岗亭，直至总统府大门的哨兵。汽车驶入国府路时，门口哨兵立即按铃，通知院内仪仗队作好准备。车队一进大院，仪仗队立即吹号奏乐。接着总统府参军处及局以上办公室的信号灯一同亮起，电铃连响三声，表示蒋介石一行已经入府。蒋介石座车可直接驶入大堂，到中堂下车，其他车辆到大堂前候命。蒋介石下车后，经麒麟门，过政务局，进入办公楼，上电梯，至二楼办公室。如果是参加外事活动或其他重要事务多在八字厅与礼堂进行，他就不去后面子超楼办公室了。

油画《国共和谈》，作者陈世和

1946年5月，国民政府还都南京后，周恩来率中共代表团与蒋介石国民党当局继续进行和平谈判（左起：董必武、廖承志、周恩来、陈诚、蒋介石、张群、邵力子）

油画《煦园曙光》，作者陈坚

1949年4月23日，南京解放。渡江战役总前委领导先后进入总统府（左起：三野副司令员粟裕、二野司令员刘伯承、二野政委邓小平、三野司令员陈毅）

　　南京解放后刘伯承被任命为军管会主任，宋任穷为副主任。当时两人正在安徽桐城的二野指挥部，都不在南京，直至4月29日，二野全部完成渡江作战，又接到部队向纵深发展任务后，刘伯承才抵达浦口码头。由于临行仓促，事先未及与南京警备部队联系，过江后，众人只好租了一辆公共汽车。等刘伯承上了车，警卫员面对偌大一个南京城，却不知车子该往哪里开。"想不到我这个南京市军管会主任到了家门口反倒找不到家了。"刘伯承诙谐道："那就直开总统府吧！在南京城里我就知道总统府。"

　　车子驶进总统府，先期到达的陈毅、邓小平闻讯赶了出来。一见面，陈毅风趣地说道："老刘，想不到你这南京市军管会主任乘公共汽车来上任，真是很对不住起你啊！"当他们并肩走到总统府长廊时，陈毅又幽默地喊了一声："快去报告蒋大总统，花十万大洋通缉的刘匪伯承来喽！"引得众人哈哈大笑。

　　中轴线玻璃穿堂的东侧墙壁上有一传达窗，清同治年间重修两江总督署时开启，用于夜间接收转呈公文、查验来人身份，类似今天的传达室。民国初年传达室西墙打通，该窗被砌封，2007年维修时重新发现，现已恢复原状供游人参观。

2019年4月23日，总统府大堂广场前，人们热烈庆祝南京解放70周年

大堂内部36根朱红立柱，高大伟岸，气势非凡

经国家文物局批准,2017 年 12 月南京中国近代史遗址博物馆对大堂古建屋顶进行大修。图为修缮工程场景

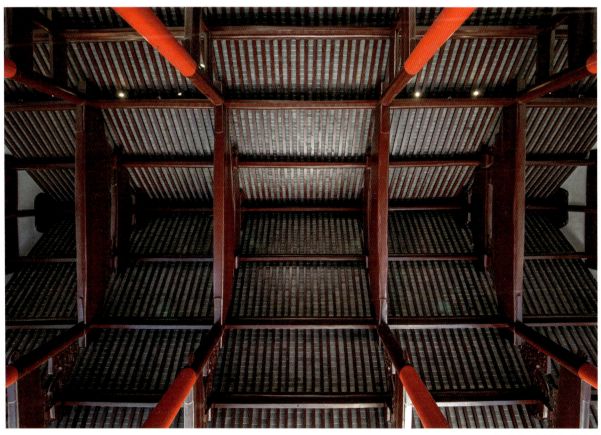

2018 年修葺一新的大堂屋顶

凝固过往的时光 ——礼堂

　　玻璃穿堂西侧有一长廊直通总统府礼堂，廊上匾额"礼堂"二字为国民政府主席谭延闿手书。这里曾是清两江总督署大堂西暖阁部分，民国时期成为历任政府举行会议和重大活动的场所，1929 年"国军编遣会议"、后来的"总理纪念周"与大型外事礼仪活动都在此举行。1929 年英国驻华大使辛格森在礼堂向蒋介石递交国书，退出时被老式门槛绊了一下，差点摔倒，很是狼狈。蒋介石认为有损东道主脸面，决定予以翻修。

　　总统府礼堂民国期间共经历三次大的改造维修工程，首次改建即为 1929 年底，与新建国民政府大门同时进行。著名建筑师卢树森受邀主持设计礼堂改建工程，将原建筑全部翻盖，向南向西一直扩建至天井，总面积扩大了将近一半。室内八根圆柱用柳桉木改包成方形柱，四周墙壁设置木质护板，顶部吊装天花板，临近屋顶处还新开启一排天窗，讲台周围则增设玻璃门，地面采用洋松企口地板重新铺装，同时将天井内三面走廊拆除，加建了一条将礼堂与中轴线主建筑相连的半敞开式穿堂，在两侧天井中栽植花木。经过约两个月工期，竣工后的礼堂外部为中式，内部则呈现西式样貌，花费大洋共计 7322.5 元。

　　礼堂第二次改建是在 1935 年。当时参军长吕超向国民政府主席林森呈文核价 7952 元，林森批复："准以七千元为限。"此番改建工程包括拆除后半部旧瓦，换上白铁皮；粉刷灰顶，墙壁门窗油漆出新；屋内地面全部铺装上新式地砖，

礼堂大门上匾额为国民政府主席谭延闿题写

采用拼花马赛克样式；与礼堂同时施工的还有穿堂与走廊，全部造价5081元。改建完工后，又特地从中央博物院运来一座青铜大鼎，安置于礼堂出口的中轴线上，以志竣工。

1946年5月前，国民政府为庆祝还都，消除伪维新政府使用痕迹，又对礼堂进行了一次较大规模的维修改建。1948年5月蒋介石、李宗仁正副总统就职典礼后宴会等重要活动均在此举行，大礼堂今天仍保持着20世纪40年代后期的基本格局，北面舞台则是解放后加修的，礼堂东西南三面各有出口，可通往中轴线与煦园。

1933年3月，英国驻华公使递交国书后步出国民政府礼堂

1930年代礼堂内部状况：玻璃北墙、低台、城砖斗子墙

1932年林森在礼堂举行递交国书仪式

1938年3月28日，伪维新政府成立典礼在礼堂举行，伪行政院院长梁鸿志发表广播讲话。抗战胜利后，他被国民政府以汉奸罪逮捕处决

1946年蒋介石还都后在礼堂举行活动

1948年1月1日，国民政府在礼堂举办元旦团拜会

1948年5月20日，于右任与居正步出总统府礼堂

1948年5月20日，蒋介石、李宗仁在总统府礼堂

1948年10月10日，蒋介石在礼堂主持国庆招待会

2017年总统府礼堂

中线景区

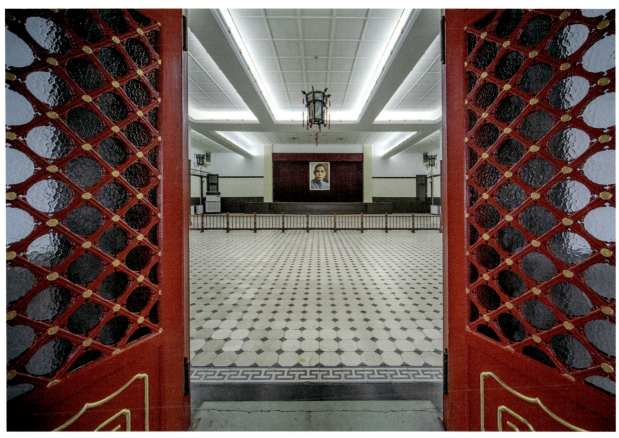

与旧照相比，礼堂基本保持原有风貌，仅北面部分经改造有所变化

总统府礼堂与中轴线相连的玻璃穿廊

驻足，总有一种感慨在等你 ——中堂、中轴玻璃穿廊

  中堂大殿又称二堂，曾经是太平天国天王府的"真神天父殿"，是天王洪秀全处理军国大事的地方。天京沦陷后被清军烧毁，两江总督曾国藩在废墟上重建，现有建筑形制为1935年国民政府改建时的原貌。中堂屋顶为标准中式建筑，下部却是典型欧式风格，堪称"中西合璧"之混搭。殿内立18根粗大立柱，东西各有小门通向国民政府礼堂和参军处。拱形木质北门的上部是中式花格窗，外部由屋顶倾斜向下部分则呈西方建筑形式。五个硕大拱门上部嵌有拱形石和回形纹饰，多个西式拱形门廊将周围各区域的建筑串连起来。一条高大的玻璃窗格长廊又连接起中堂与大堂，形成光线充足的中轴线。民国时期，这里也是国家元首为外国来宾举行欢迎仪式、接受外国大使递交国书的地方。贵宾车辆可从大门穿越玻璃穿廊直达中堂。

中线景区

1946年5月国民政府还都后,蒋介石在长廊内检阅仪仗队

总统府中轴线上的外事活动

影片《建国大业》中总统府中轴线场景

触摸历史的节点 ——八字厅和会客室

　　穿过中堂,一座美观别致的西式建筑赫然在目,它就是总统府会客厅。1917年4月1日曾因电线短路突发大火,将二堂后面的建筑几乎夷为平地,时任副总统的冯国璋选择以西洋样式予以重建。会客厅门口有五级水磨石台阶,因两侧有"八"字形水泥挡墙,故名"八字厅",这里曾秒杀过无数中外摄影记者的胶卷胶片,是当年林森、蒋介石等民国政要会见宾客的摄影地。拱形正门四周雕有回形花纹,两侧外走廊分别由6扇拱形落地窗组成,上嵌拱形石,下为铸铁花栏,两面还有万年青图案浮雕。廊两侧均有护墙裙板,顶部雕花装饰,悬铜质进口吊灯,走廊地砖皆为美国进口。2009年8月底八字厅前消失数十年的飞罩按老照片复制安装完毕,以上好楠木镂空雕刻,饰面采用红木家具油漆工艺。

八字厅外景

1935年，林森、汪精卫、孙科等在八字厅接见外宾

1948年3月5日，蒋介石接见奥地利公使施德曼

1948 年蒋介石与宋美龄在总统府会见美军顾问团团长巴大维

1948 年蒋介石在八字厅内的办公室旧影

1949 年 4 月 24 日，解放军占领总统府后在中轴线八字厅执勤警戒

　　走上五级台阶，左右两侧各有一间会客室。东侧为内宾会客室，现东墙上悬挂一幅《中华醒狮》油画，是按照 1946 年 5 月 5 日国府还都时的作品临摹复制的。1949 年 4 月，代总统李宗仁曾在此会见赴北平参加国共谈判归来的邵力子、章士钊等民主人士。最东头那间则专供蒋介石临时办公与休息之用。西侧为外宾会客室，国民政府代表曾在此签订《中苏互不侵犯条约》《中美友好通商航海条约》等系列国际条约，蒋介石在此会晤美国特使马歇尔将军、驻华大使司徒雷登等人，1946 年国共和谈亦在此举行。如今陈设的家具沙发完全依照当年样式复制摆放，西墙上分别悬挂孙中山像、国民党"青天白日"旗与中华民国"青天白日满地红"旗。

中线景区

八字厅因其南入口五级台阶左右独特的八字型挡墙而得名

苏联摄影师受邀拍摄的一段解放军指战员占领总统府并穿过长廊与八字厅的胶片电影，系1950年补拍

总统府八字厅之夜

八字厅西侧的外宾会客室内景

八字厅东侧的内宾会客室

穿行在岁月的长廊 ——麒麟门和政务局办公楼

穿过内外会客室，一扇红色大门映入眼帘。通常这里被导游叫做"麒麟门"，其实门前抱鼓石上刻的是狮子而非麒麟。此门北端3米处还有一道红门横亘于路，像一堵屏风，平时关闭，只有要人进出时才会开启，其他政府官员均从两侧绕行。南京解放初期这道门被拆掉，使通道更显宽敞。水磨石地面至今还留有当年门柱的痕迹，长廊地面上镶嵌的"民国二十四年""建康营造厂制"等铜字仍依稀可见。

沿着长廊继续前行，长廊左右各一间建筑，是建于1920年代中期的政务局楼配套建筑。国民政府及总统府时期作为文书局收发室，负责收发核心机构的机密文书，进行分类整理与向上传呈。

长廊尽头则是一幢西式砖木结构的两层大楼——国民政府政务局办公楼。它与会客室为同时代建筑，初为江苏督军办公楼，后因副总统府失火，烧毁许多房屋，冯国璋就又拆除一些旧房，在废墟上重建而成。楼的南北面都有外廊和拱形落地窗，正门亦为拱形，饰回形花纹。两层共八大间，二楼还有一阁楼，由东西侧楼梯作为上二楼的通道。整幢建筑砖木结构，造型古朴，厚实端庄，是子超楼建成前总统府内最好的办公楼，20世纪30年代初这里是国民政府文官处办公楼，1946年后国民政府文书局及后来的总统府政务局先后设于此楼，蒋介石"文胆"陈布雷就在二楼东南角办公。

麒麟门

中线景区

政务局大楼侧立面顶部造型

政务局走廊铸铁栏杆

麒麟门前抱鼓石上的石狮造型

空中俯瞰红瓦覆顶的政务局大楼与其南侧的十字形长廊

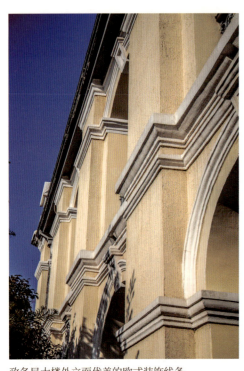

政务局大楼外立面优美的欧式装饰线条

　　陈布雷（1890—1948），浙江慈溪人。他才华出众，勤勉敬业，很早就以"布雷"（寓意"迷津唤不醒，请作布雷鸣"）为笔名在报界享有盛誉，用如椽之笔写出多篇激扬民气的文章。作为国民党"总裁智囊"，陈布雷长期追随蒋介石，先后担任浙江省教育厅厅长、军委会南昌行营设计委员会主任、国民党中央政治会议副秘书长、蒋介石侍从室第二处主任、中央宣传部副部长、国民党中央委员等职，素有党内第一笔杆之称。1947年他出任国策顾问，代理国民党中央政治委员会秘书长。

　　1948年11月13日，目睹国民党统治江河日下之糜烂时局，陈布雷感到心力交瘁，意冷心灰中服安眠药自杀，终年59岁。据翌日早晨《中央日报》第2版刊载的新闻称，"陈布雷氏于昨日上午8时因心脏病突发逝世。陈氏前晚与友人谈话后，仍处理文稿，并无异样，就寝为时甚晚。昨晨，随从因陈氏起床较晚，入室省视，见面色有异，急延医诊治，发现其脉搏已停，施以强心针无效。陈氏现年59岁，体力素弱，心脏病及失眠症由来已久，非服药不能安睡。最近数日略感疲劳，仍照常办公，不以为意。不料竟因心脏衰弱，突告不起……"

陈布雷书法

欧式建筑风格的政务局大楼北立面

由原李宗仁秘书程思远先生题写"总统府文物史料陈列"

一时间南京城内各种小道消息不胫而走："略感疲劳，照常办公，怎么会突然去世，真是让人匪夷所思！""辽沈会战失利，徐蚌会战（淮海战役）前途凶险，国军在东北、华北都吃了败仗。陈老夫子定是感到半壁江山岌岌可危了！"甚至出现更为离奇的版本："陈老夫子向总统进忠谏，总统恼羞成怒，顺手给了陈老夫子一记耳光，陈老夫子羞愧交加，便吞安眠药自杀了。"

然而陈布雷并非死于心脏病突发，实系自杀身亡。深夜沐浴之后，他换件棕黑色马裤呢长衫，先写了一封遗书给中央政治委员会副秘书长洪兰友，委托照料中政会之事，又写了份遗书致张道藩，最后留函蒋君章、金省吾两位秘书称："我已无生存人世之必要，故请兄等千万勿再请医生医我，医我我亦决不能活，徒然加长我的痛苦，断不能回生也。"至于死后如何对外发布消息，他留言道："不如直说'从8月以后，患神经极度衰弱症，白天亦常服安眠药，卒因服药过量，不救而逝'。"此外一再表明：物价日高，务必薄殓、薄棺、薄埋等。一切写毕，天已渐亮，陈布雷从抽屉里取出两瓶安眠药，几乎全部服下，整理衣物后和衣平躺到床上，悄然逝去。11月13日上午，听闻陈布雷死讯的蒋介石面色苍白，随即取消当天会议，赶往陈公馆吊唁。二十多年来忠心耿耿"文胆"的离世加之时局动荡，足以令他痛彻心扉。

11月15日陈布雷大殓之日，灵堂四壁素联，最引人注目的是蒋介石所题"当代完人"四字横幅以及李宗仁所撰挽联"有笔如椽，谠论雄文惊一代；赤心谋国，渊谟忠荩炳千秋"。陈布雷的多封遗书是在24日后经蒋介石同意才公开发表的。

尘封多年的陈布雷办公室

11月18日中央社发布其自杀消息称："陈委员治丧委员会提出报告：布雷先生素患神经衰弱，以致常苦于失眠，每夜必服安眠药三片始能入睡，有时于夜半醒来，再服数片，始能略睡，晨起总在上午7时左右。本月13日至上午10时，尚未见起床，秘书蒋君章推门进入卧室，见布雷先生面色有异，急请总统府医官陈广煜、熊凡救治，两医官判断布雷先生系服安眠药过量，其心脏已于两小时前停止跳动。其时，蒋秘书于布雷先生卧榻枕旁，发现遗书一封，嘱其不必召医救治，并嘱其慎重发表消息，不可因此举而使反动派捏造谣言。蒋秘书即遵守遗言，发表先生因失眠症及心脏衰弱逝世。陈氏家属及秘书随从检点遗物，又于公文箧中发现上总裁书二纸，及分致张道藩、洪兰友、潘公展、程沧波、陈方、李惟果、陶希圣诸友人，及留交陈夫人及公子之书信，均先后分别呈送，并由诸友人陆续送交陈委员治丧委员会，复于15日发现陈氏11日手书杂记，亦呈总裁阅览……"消息虽未直言"自杀"，但陈布雷杂记中那句"油尽灯枯"早已将其当时心境一语道破。

目前，政务局一楼设总统府文物史料陈列，陈列大量民国历史文物与史料，展览分为五个部分：奠都南京、军人干政；设立五院、施行训政；安内攘外、沦陷之辱；还都改制、竞选总统；沧桑国府、金陵一梦。二楼为民国政要文物捐赠展与陈布雷办公室复原陈列，前者汇集了国民政府司法院院长居正、国民政府最后一任驻苏大使傅秉常、抗日名将周复烈士等人的后裔以及国民革命军遗族学校毕业生捐赠的文物和文献资料。

1947年蒋介石在八字厅前会见玻利维亚大使，由此照可见身后麒麟门有一扇形同屏风的木门

1949年5月1日，南京市军事管理委员会主任刘伯承在总统府接见率领国民党海军第二舰队起义的舰队司令林遵少将等人，其身后为原政务局大楼

总统府办公使用的英文打字机

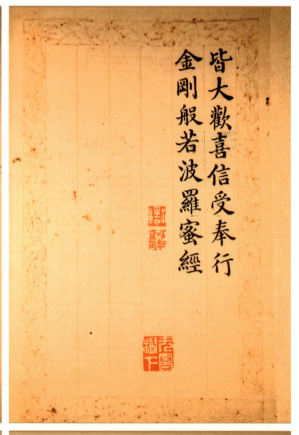

国民政府司法院院长居正后人捐赠乾隆第六子爱新觉罗·永瑢《金刚般若波罗蜜经》抄本（局部）

1948年5月20日,蒋介石、李宗仁当选为正、副总统后,携夫人在休息室小憩、交谈

总统府文物史料陈列展厅内的这组蜡像根据上图制作,分别为蒋介石、孙科夫人陈淑英、宋美龄、李宗仁夫人郭德洁和李宗仁

总统府文物史料陈列展厅（一）

总统府文物史料陈列展厅（二）

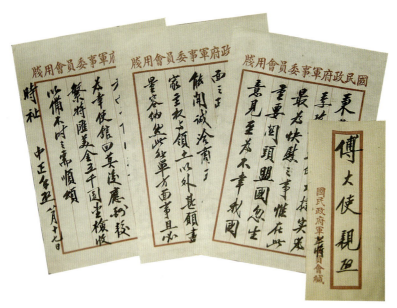
蒋介石写给国民政府驻苏联大使傅秉常的信件

馆藏1946年国民政府特派状

中线景区

民国政要文物捐赠展陈列的于右任赠居正折扇

居正后人捐赠的于右任草书条轴

馆藏宋美龄"寿"字团花纹纱质旗袍

麒麟门后十字长廊之夜。左右两侧建筑为文书局收发室,正面为政务局大楼

雪中的政务局大楼

　　行走在总统府悠长喧嚣的中轴长廊上，仿佛置身于时空交错的舞台当中：任选一张长椅坐下，将自己静置在某一历史节点，感受周遭人潮涌动，或衣袖带风，或流连踟蹰，皆是熙来攘往的时光过客，但不经意间就同那些知名人物打个照面，看他们匆匆登台，穿堂入室，又倏尔远离，悄然隐去……

政务局大楼一楼的午后时光

树犹如此，人何以堪 ——风雨子超楼

　　穿过政务局大楼，进入眼帘的是总统府另一标志性建筑——子超楼，由建筑师虞炳烈设计，南京鲁创营造厂承建。1934年12月6日大楼动工，工程为期一年，耗资106952块大洋，于1936年元旦正式启用。

　　子超楼楼高六层，长33.34米，宽20米，形制大气端庄，正南面用耐火砖装饰，东西两侧以立体纹样水泥砂石饰面，富有层次。门前十级汉白玉台阶，级数象征着辛亥革命双十节，两侧各两盏进口欧式路灯，底座汉白玉，灯箱为紫铜，每盏时价160块大洋，极其典雅精致。楼前有两株参天雪松，系1934年大楼奠基仪式上国民政府主席林森亲手栽种，树苗从印度引进，以寸计金，价格不菲。从南望去，这两株雪松仿佛构成个"林"字，而俯视大楼正立面，又好似"森"字间架结构，于是有人附会此乃林森授意而建，纯属捕风捉影之谈。

　　如今两株雪松仅留一株，另一株于2005年主干枯死，考虑到游客安全，于2014年被伐去，地面仅存一截树桩。俯仰之间，一枯一荣，遥想那位平生喜好古玩字画、身为"国府主席却未曾主席国府"的美髯老者，让人不由得感叹世事变幻。树犹如此，人何以堪，正如宋代词人辛弃疾所作《水龙吟·登建康赏心亭》："可惜流年，忧愁风雨，树犹如此！倩何人唤取，红巾翠袖，揾英雄泪？"

人生到处知何似，应似飞鸿踏雪泥。泥上偶然留指爪，鸿飞那复计东西

1934年9月，国民政府主席林森签署的扩充建筑国民政府文官处办公用房训令

林森（1868—1943），福建闽侯人，原名林天波，字子超，号长仁，自号青芝老人，是追随孙中山参加革命的同盟会元老。1931年12月23日，他接替因九一八事变下野的蒋介石任国民政府主席，继谭延闿、蒋介石之后成为第三任国府主席。抗战全面爆发后，林森宣布迁都重庆，并率员于1937年11月底抵渝，1943年8月1日因车祸逝世，葬于重庆歌乐山林园。中共中央唁电："国府主席林公，领导抗战，功在国家。兹闻溘世，痛悼同深。"《新华日报》发表题为《为元首逝世致哀》社论，称"林主席逝世，这是抗战中全国人民最哀痛的事情，是国父逝世后我国最大的损失。林主席承继国父的遗志，毕生尽瘁于中华民族的解放事业，十二年来更亲自领导了抗战建国的伟大而艰苦的事业，不仅全国敬仰，友邦也莫不钦佩。"

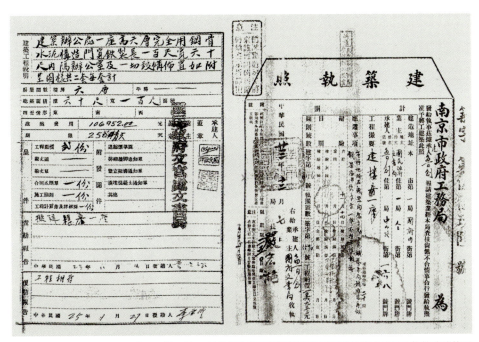

1934年12月7日，南京市政府工务局核发建造国民政府文书局大楼的建筑执照

1935年底，刚刚竣工落成的子超楼

子超楼三楼南部阳台，地面为马赛克拼花图案

蒋介石特级上将任官状

蒋介石陆海空军大元帅特授状

国民政府主席林森

林森在八字厅接见外国使节

　　林森身居国民政府主席高位，却深居简出，为人低调，奉行"不争权揽利、不作威作福、不结党营私"的"三不"原则，讲究无为而治。但这种处世风格也使其倍受冷落，国民党内很多人都不重视林森这"一国之尊"，甚至直言他只是"国府看印的"。江苏教育厅编审易君左写了一本《闲话扬州》，书中因列举少数扬州人的陋习与缺点，结果引发社会上的论争，当时有好事者在报纸作上联以征求下联："易君左，闲话扬州，引起扬州闲话，易君左矣。"于是有人以林森是个空架子主席之事对出下联，堪称绝妙："林子超，主席国府，连任国府主席，林子超然。"胡适曾评论说："林子超先生把国府主席做到了'虚位'，以至于虚到有的人居然已经目中无主席了。"

一次洛阳警备司令陈继承前来拜访，林森拒绝说："以后武官直接去见蒋，文官去见汪，不必到我这里来啦。"他对手下的要求是：不发表意见，不参加宴会，不写条子。其秘书欲赴重要宴会去长见识开眼界，遭呵斥道：当好你的秘书就行了，认识那些要人作甚？

林森晚年渐渐丧失对政治的兴趣，寄情于伺弄花草和收藏古玩，夫子庙古玩市场常能寻见这位美髯公的身影，他家中百宝格里更是陈列了各种古玩，琳琅满目，但多为不值钱的赝品，一般价位在三五元上下，尽管如此他依旧乐此不疲。国府还都南京后，根据其遗愿将他收藏的上千件古董字画编号，放到一家古玩店抽签拍卖。由于是林故主席遗物，盖有"青芝老人鉴赏"朱印，结果不到三天便被抢购一空，共得银元近万元。

从南京浮桥如意里2号林公馆到国府办公处距离很近，附近居民每日都能看见林森一袭长袍马褂，一履布鞋，持杖而行，没有半点官架子。林森在南京另一处知名住所是桂林石屋，建在中山陵以东、灵谷寺以西，因周围遍植桂花而得名。他平素对蒋介石的态度是配合而不迎合，礼貌而不恭敬。西安事变后蒋介石返回南京，众人争相致意，蒋介石看到林森站在一边，就上前说："有累主席受惊了。"林森对身边秘书说："明明是他受了惊，怎么反倒是我受惊了，分明是做给人看的。"

1948年5月，子超楼成为正副总统办公楼。总统府下设6个局，即文书局、政务局、军务局、典礼局、印铸局、总务局。一楼是文书局办公室，每个房间都高大敞亮，墙角有挂镜线和石膏装饰线，墙面实体部分均留有壁橱，墙裙一米多高。文书局又称第一局，直接为总统办事，掌管正副总统印章和发布文告等工作。下设七科一室，原隶属于国府文官处，总统府成立后文官处撤销，它与政务局、印铸局一起统归总统府秘书长管辖。二楼则是总统府中枢所在，南边一间是文

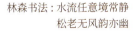

林森书法：水流任意境常静
松老无风韵亦幽

1928年国民政府为纪念孙中山逝世三周年，将植树节改为3月12日。图为1935年植树节林森在首都植树场植树旧照

书局局长许静芝的办公室，西北侧套间是秘书长办公室。1948年"行宪国大"后，蒋介石当选总统，不到一年这里先后迎来三任秘书长，分别是吴鼎昌、吴忠信与翁文灏。

精明过人的总统府秘书长吴鼎昌

吴鼎昌是总统府首任秘书长，担任此职的决非等闲之辈。吴鼎昌在民国官场上是个显赫人物，他工于心计，深谙官场经济之道。1923年北方金融垄断集团"四行储蓄会"联营、1926年续办《大公报》、1934年上海兴建"远东第一大厦"国际饭店等均与他密切相关。

说到吴鼎昌的精明，大致可举出一二。一次，北洋政府财政部有一公案要施行，已获部长曹汝霖批准，按规矩必须由次长附署方可通过，时任次长吴鼎昌暗中探知曹得了80万元好处，故一声不吭，把案卷押在手里故意不办。曹心知肚明，马上将受贿的20万支票给吴送去，次长附署便随之而至。但凡精于算计的人往往麻

吴鼎昌

文书局办公室，主要掌理总统府法令文告之宣达，文稿拟撰、翻译、编审，文件保管收发，玺印及印信之典守，国务会议议事日程及会议记录等事项。每日一期的《总统府公报》即由该局主编发行

将打得好,吴鼎昌是当之无愧的麻坛高手。他曾与交通银行总理梁士诒同在北戴河避暑,几人一起打麻将,吴鼎昌运筹帷幄,每赌必胜,一个暑天竟赢了老谋深算的"财神"梁士诒40万元,后者只得将避暑别墅抵给他。此外,吴鼎昌速算能力超人,已达到常人不能想象的地步。他有一次在《大公报》报社心血来潮,在众多编辑面前展示绝技,让每人各报一个三位数,运用乘法速算答案,等数字报完,吴已将答案报出且准确无误,令在场人瞠目不已。

吴鼎昌在政治上工于心计。抗战胜利伊始,他向蒋介石献策,邀请中共领导人毛泽东到重庆共商大计,若毛泽东不来,便可藉此宣传中共不愿和平;毛泽东一旦前往,当局便可利用和谈时间准备内战。蒋介石闻计非常赞许,立即命吴鼎昌起草电文,拍往延安。此事居然连蒋的国策顾问陈布雷都被蒙在鼓里,吴鼎昌为此很是得意了一番。就任总统府秘书长不久,吴鼎昌见国民党军队在自己挑起的内战战场上连遭败绩,深感大势已去。一次他对《大公报》总编辑王芸生说:"我不敢辞职,老蒋若是翻脸,可以把我的财产悉数扣留。我既已上了船,又如何轻易下得来?"这个精明人内心也有他的苦衷。1948年底蒋介石宣布引退前夕,吴鼎昌趁机辞去干了不到一年的秘书长职,着手向国外转移财产,后避居香港。

位于子超楼二楼的总统府秘书长办公室

左右逢源的总统府秘书长吴忠信

1948年底,由于国内局势变化和来自美国的压力,蒋介石即将"引退",于是选择自认为最适合人选吴忠信接替吴鼎昌做总统府秘书长。

吴忠信1913年冬与蒋介石在日本相识,1922年两人结拜金兰。他比蒋大3岁,作为盟兄与知己,非常了解蒋介石的"抱负"与"雄心"。自从蒋介石掌握党政军大权后,吴忠信角色转换,由金兰之兄变为臣僚幕友。

1927年,蒋介石地位尚未稳定,新桂系联合其他反蒋力量逼他下野。吴忠信利用自己曾做过李宗仁幕僚,且与李宗仁、白崇禧等头面人物有较深情谊,力劝蒋介石"暂时退位、以退为进,待机而动",蒋介石听从其建议宣布下野后与宋美龄结婚。出于对吴忠信的信任,将侧室姚冶诚与次子蒋纬国托付给他照料,吴忠信在苏州对二人关照备至,吴、姚两家朝夕相处,感情日深。蒋纬国曾拜吴忠信为干爹,蒋介石则认吴忠信之女吴驯叔为干女儿。

1935年,蒋介石任命吴忠信为贵州省政府主席,贵州与新桂系控制的广西地区接壤,吴在任期内充分利用自己在蒋李之间的特殊关系,从中斡旋。1948年3月"行宪国大"期间,蒋李因选举副总统发生激烈冲突,吴忠信再次扮演调解双方矛盾的角色,先力劝李宗仁放弃竞选,无果后又劝蒋许李参选,以至于蒋介石第一次对这位金兰之兄大发雷霆:"你这是好好先生的想法!"

吴忠信

三楼国务会议厅休息室

1948年底,蒋介石下野前召见吴忠信,让盟兄再度走到前台代表自己与李宗仁周旋,并对其临危受命寄予厚望:"观察最近的局势,我干不下去了,我走开后,势必李德邻来过渡,你的任务是接他上轿,等任务完成,去留你自己决定。"吴忠信入子超楼上班后,忠实地执行蒋的意图。他在蒋介石"引退"文告上只字不提"辞职"字样,只写李宗仁"代行总统职务"并在报上发表。李宗仁见报后大为光火,称吴"太不够朋友",准备拒绝就职。吴忠信所言绵里藏针:"德公,你应该知道自己现在的处境,南京的特务横行,你身边的卫士都是蒋先生的人,你还争什么呢?争得不好,任何事都可能发生。"李宗仁闻言只得就范。1949年1月29日,吴忠信辞职赴溪口与蒋介石相伴,两人在雪窦寺山下瀑布前留下了他们在大陆最后的合影。

行政院院长"屈就"总统府秘书长

1949年1月29日,总统府迎来它第三任秘书长——中国地质科学奠基人、著名地质学家翁文灏。作为地质界的一代宗师,他何以进入官场?又为何在南京政府风雨飘摇之际来趟这浑水呢?

翁文灏,浙江鄞县人,先后任清华大学地质系教授、主任、代理校长、国民政府教育部部长等职。抗战期间,他致力于甘肃玉门油田的勘探开发,培养了我国第一代石油开采的技术管理人员,为中国地质事业做出杰出贡献。致使翁文灏命运发生转折的是一场突如其来的车祸。1934年2月,翁文灏赴浙江长兴考察油气苗,行至武康桥头发生车祸,头部碎骨陷入后脑,当时医生认定已无力回天,让家属准备后事。此事传出,举国震动,有报刊称"翁文灏的性命是50万换不来的"。蒋介石闻知,立即命上海、北平脑科专家急赴杭州救治,一切费用国家承担,又指派浙江省主席鲁涤平代其前往医院探视问候,同时将翁家亲属接往杭州。翁文灏整整两个月不省人事,最后终于转危为安,他自觉重生再世,当感恩图报,从此与蒋介石关系加深,对蒋言听计从。蒋介石为利用其在科技界的显赫声望以充门面,力邀这位著名科学家割舍了心爱的科学研究而走上政坛,历任国防设计委员会秘书长、行政院秘书长、经济部部长兼资源委员会主任委员、行政院副院长,直至行政院院长之职。

翁文灏虽身居高官,但不贪不占,凭借的只是一腔"拯邦国"热情去为人做事。次子翁心翰系国民党空军上尉,新婚半年便战死在对日空战中。他在写给陈布雷的信函中,流露出老年丧子的悲痛之情:"衷心创痛,非可言喻。"

翁文灏以行政院院长之尊而屈就总统府秘书长,这在国民党内没有先例,所以引起不小震动。曾任李宗仁秘书的程思远是这样回忆的:"李代总统考虑翁文灏做

翁文灏

子超楼东西侧水泥饰面纹样

子超楼西北立面

子超楼之夜

过行政院院长，以阁揆之尊转任总统府幕僚长，未免过于屈就了，可是我与翁先生会晤后，他竟一口答应下来，说'只要有利于国共和谈，我什么事都愿意做'。"结果李宗仁迫于压力，没有签下和谈协议，令翁文灏大失所望，辞去秘书长之职。1949年11月翁文灏赴法国，1951年3月回国，毛泽东肯定他是"有爱国心的国民党军政人员"。

子超楼二楼东南边的大套间是蒋介石办公室。这个套间共有三间，东一间是休息室和卫生间，卫生间内浴盆和抽水马桶历经变迁已不是当年原物。西一间是会客室，林森时期此屋为书房，四面皆是壁橱，放着书籍与古玩。中间是办公室，临窗斜放一张巨型写字台，一把特制皮椅。东边墙上挂一帧蒋介石身穿大元帅礼服的上色戎装照，这也是蒋最感满意的照片之一，摄于1943年9月重庆，原为黑白照片。1946年10月份，蒋介石举办60大寿，特地请光华照相馆将这张照片重新上色冲洗，多次赠送友人，还在祝寿画册上刊用此照。屋顶上悬挂的精美吊灯是建楼时从法国定制的，至今仍可使用。总统办公室对面三间是副总统办公室，当年李宗仁主要在鼓楼傅厚岗官邸办公，一般不来总统府，直到蒋介石"下野"，成为代总统的李宗仁才在此办公。

1949年4月29日，渡江总前委首长刘伯承、邓小平、陈毅、粟裕等人来到总统府，下车后径直走进蒋介石、李宗仁办公室。陈毅坐在蒋介石的皮椅上拨通了第一个电话，向北京西郊双清别墅的毛主席报告了南京解放的喜讯。

1964年为了让特赦人员领略新中国建设成就，接受革命传统教育，周恩来总理批示邀请在北京的全国政协文史资料研究委员会文史专员们去南方苏浙一带参观游览。参观团的成员有末代皇帝溥仪和他的弟弟溥杰，还有杜聿明、宋希濂、范汉杰等人。在南京参观的一处重要场所便是总统府，溥仪初入大门时显得十分兴奋，等看到子超楼蒋介石办公室后却非常失望，对他的夫人说："原以为总统府很大，没想到却这么小啊！"看来这位末代皇帝一直是把总统府拿来与紫禁城相比了。

蒋介石的总统办公室

子超楼蒋介石总统办公室

子超楼三楼正中为国务会议厅，会议厅北面墙壁上镶嵌一块汉白玉石匾，其上镌刻由孙中山所倡导、林森手书的国民"八德"：忠孝仁爱信义和平。匾额上方分别悬挂孙中山画像、中华民国国旗与国民党党旗，右侧日历定格在4月23日解放军占领南京那天。天花板大吊灯与二楼总统办公室吊灯形制一样，均为从法国定制的水晶吊灯。

总统府每两周举行一次国务会议，地点就在这个会议厅。参加者为总统、副总统，五院院长、副院长以及委员等人。每人座位前都有一块小牌子，上面注明职务名称。蒋介石只要人在南京，就必然到会，坐席就是会议厅正中的一张高背皮靠椅。会议桌呈"山"字形摆放，寓意纪念追思已故总理孙中山；座椅相向而坐，据说可以避免会议期间参会者交头接耳。蒋介石不在南京时，就由五院院长轮流主持，这样的会多是讨论通过一些蒋与军务局、政务局早已商定了的事项。随着内战越来越激烈，蒋介石经常不到会，但这样的会仍照常开。

子超楼专供林森、蒋介石、李宗仁使用的美国奥的斯电梯

1948年12月25日即将辞职的总统府秘书长吴鼎昌及其属下职员在子超楼前合影

国务会议厅两旁还有会客室和休息室,供与会者会前或会间休息。其中西侧的会议休息室是五院院长、各部部长等高级官员休息场所,兼作小型会议室。

负一至三楼各楼层之间装有一部电梯,系 1935 年国民政府办公楼落成时启用,美国奥的斯电梯公司生产。电梯用手摇把柄控制升降,外部两扇铁门,内为铁质箱笼,先后为林森、蒋介石、李宗仁专用。

1947 年国民政府委员会改组成立,在子超楼召开首次国务会议

国务会议厅内景,天花板上的水晶吊灯为法国原装进口,会议桌呈山字形摆放

通往子超楼的两侧走廊

总统办公室西面套间会客室

中线景区

蒋介石总统办公室内东面套间休息室

蒋介石总统办公室复原场景

国府主席的国瓷情结 ——林森定制国府瓷

嗜好古玩字画的青莲老人林森

1931年12月23日，林森接替蒋介石任国民政府主席

林森书法

国民政府建立之初，建筑、家具、瓷器样式皆崇尚西洋风，宴请内外宾客也使用的是从西方进口的整套餐具。1934年10月10日，南京国民政府宽敞的宴会厅内灯火辉煌，国府主席林森正主持举行一年一度的"双十节"庆宴。觥筹交错间，比利时使节无意中道出内心疑惑："主席阁下，我听说您平素对贵国瓷器颇有研究，我曾多次参加过贵国国庆宴会，对一事颇觉费解。想来贵国瓷器名扬天下，世人称颂，国府宴会上所用餐具却全来自我们欧洲，难道贵国现在不用自己生产的瓷器么？"寥寥数语让林森心头一震，以致席终人散返回官邸后，他依然思绪起伏，彻夜无眠⋯⋯

林森堪称民国时期古玩收藏家，在其众多收藏中瓷器占有极大比例。作为泱泱大国的堂堂首脑，国宴上遭外人揶揄"国府国宴不用国瓷"，可谓如鲠在喉，不吐不快。次日清晨，林森专程赶去国府典礼局一探究竟，但见偌大库房内琳琅满目皆为西洋欧式餐具，竟无一件像样的中式餐具，委实有碍大国颜面。林森当即指令该局派人前往景德镇采办上等瓷餐具，孰料督办者花九牛二虎之力带回的数十种"名瓷"样品却着实难入法眼，不仅难登"国府国宴"这样的大雅之堂，更与渊源千年的中国瓷文化不相般配。

林森遂命典礼局派人赶赴景德镇，重金聘请江西德成瓷号老板吴先志专为国宴设计、烧制一批高雅华贵的瓷餐具。吴先志（1888—1944），字浚川，江西都昌人，景德镇实业家。辛亥革命前后，他曾在南京夫子庙一家瓷店当店员，因才干突出得到当时美国驻南京副领事的赏识，被推荐为纽约利特尔·琼斯公司采办瓷器。吴先志回到景德镇后，在哲泗巷创办美成瓷庄，负责采办事宜。民国初年市场上的艺术瓷质量已较明清鼎盛时期相去甚远，美成便按美方订单自行定制仿造，每年出口艺术瓷数百箱，在景德镇颇具名气。1929年美国经济大萧条后，美方订单几近断绝，吴先志便与李颂霖合作在九江开设德成瓷号，暑期在庐山开设分店，除烧制艺术瓷外还经营高级日用瓷。

蒋介石与林森

1937年1月林森、汪精卫等政要出席国民政府新闻招待宴会之场景

南京国民政府首次定制的国宴用瓷由德成瓷号设计承办，制成后押送至南京交货。这批瓷器总共四套中西两用大餐具，包括一套金地万花、一套料地描金万花、两套黄地万寿无疆，底款均为四方倭角朱红"国民政府"篆款，尤以金地万花最为华美，卓尔不凡。林森见到这四套国宴餐具样瓷后喜出望外，委托典礼局向景德镇依样定制若干套，再用兵舰装运到南京。他还亲自接见随船押运人员，专门安排一行人等游览南京。然而这些代表着民国瓷器最高工艺水平的国宴瓷餐具，受时局影响鲜有一展风采的时机，1937年七七事变爆发后，国民政府于是年11月间匆忙西迁重庆，它们更是杳若黄鹤，去向不明，至今难觅踪迹。

民国"御瓷"——蒋宋夫妇与"中正蒋瓷"

　　坐落于朝天宫的南京市博物馆龙蟠虎踞展厅内,常年展出当年从总统府移交的包括盘、碗、盖碗、汤勺、茶壶、茶杯等在内的一套粉彩万花瓷器,上面用赤金点缀图案,整体色彩明艳靓丽而不失稳重。这套气度不凡的瓷器就是20世纪40年代在江西定制烧造的蒋介石专用瓷——"蒋瓷",烧制不到一年便辍于内战,故数量极少且知者不多,目前市场尚未见仿品。瓷器专家曾指出:"蒋瓷虽非民国瓷主流,但制作之精代表了民国时期的瓷业水平。"

　　蒋介石平素对景德镇瓷器情有独钟,尤爱青花瓷器高温色釉瓷。他在庐山"美庐"寓所的生活用瓷全部产自景德镇,其中有一对古典山水青花大瓶,是时任江西省政府主席熊式辉特地定制的。还有一套镌有"蒋"字铭记的高白釉茶杯,瓷质光润,釉色莹雅,通体不着花饰,仅以青花艳蓝规圆,衬以篆体"蒋"字,颇显主人自命不凡的生活作风。抗战胜利后的1946年夏,正在庐山避暑的蒋介石打算将一批精细礼品瓷送给盟国首脑,于是交由江西省主席王陵基督办。王陵基找到江西省立陶业学校校长汪璠,同上庐山面见蒋介石。据中央社牯岭廿四日电称:"景德镇之旧御窑将改为国营

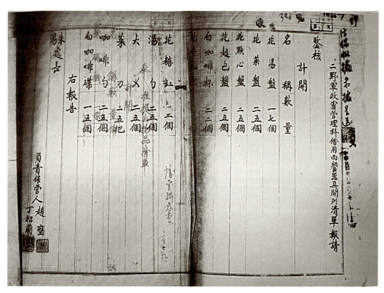

1949年,二野军政处管理科借用部分总统府西餐器具开列清单

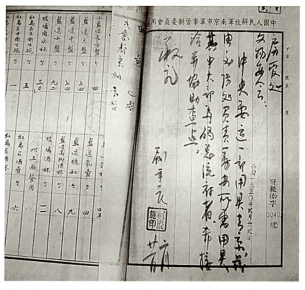

1950年5月,南京军管会从文物管理委员会与总统府房管会征调国府瓷器清单

民国三十六年有关蒋瓷落款规定的民国档案

进餐中的国民政府要员,左起于右任、宋美龄、蒋介石、戴季陶、孙科

南京市博物馆藏万花瓷餐具套件,底款篆文"国民政府"字样

瓷窑，此乃蒋主席接见圣忠学校（即江西省立陶业学校）校长汪璠时所指示者。主席对景德镇瓷业现况备极关怀，谓国家欣逢胜利，应有名瓷分送盟邦，以志庆典。此次名瓷须仿乾隆时代作品风格，瓷质力求细薄，色调务须高雅。蒋主席面谕汪校长从速与赣府洽办，积极进行。"

汪璠回到景德镇后，立即召集当地陶瓷名家商议，图样主要由陶校教师张志汤、潘庸秉等人绘制，报送王陵基以专机送往南京。经蒋宋夫妇认可，最后定国府瓷为包含摆饰件与餐具在内共六个品种：蝠耳斛桶瓶、双耳盾式瓶、圆形挂盘、寿桃碗、粉彩金地万花中餐具、洋彩新式西餐具，富丽堂皇又不失古朴雅致。这批礼品瓷经数月方烧制完成，因标有"景德镇御窑"款识而被称为"国府礼宾瓷"。蒋介石对此颇觉满意，即以中华民国政府或蒋氏夫妇名义分别赠送给美、英、苏、法同盟国元首。时值美国特使马歇尔逗留南京，对"抗战胜利纪念瓷"表现出浓厚兴趣，宋美龄于是送了一件仿古粉彩蝠耳鹿头尊给他，被其视若珍宝。这批瓷器的制作成功使陶校声名大振，一些国府高官也纷纷来电或致函要求订货，校方就将原图样按比例缩小，器物造型图案不变，价格则相对便宜很多。

国民政府为纪念抗战胜利，曾在景德镇定制一批精美瓷器，作为政府和国家元首的外赠礼品。这批国礼瓷代表了民国瓷业生产的最高工艺

这批国府定瓷中的餐具部分由彭友贤、汤有光、刘雨岑等制瓷名家设计监制，不计工本，唯求拔尖，质量远超乾隆官窑。彭友贤早年就读于杭州国立艺术院，师从潘天寿等名家，1935年他回到故乡江西，抗战胜利后即在景德镇致力于瓷器业改良，因此成为国府瓷的最佳设计人选。彭友贤设计的"胜利瓷"餐具遵循中西方审美理念，画面绚丽饱满，用赤金在四周书写"纪念胜利"四字以示庆祝。成品送达南京后一直留存于总统府，受到蒋氏夫妇的喜爱，也是总统府宴会上的主要餐具。南京解放后，总统府部分文物器具由新成立的南京市文物保管委员会接管，这套万花瓷餐具亦在其中，20世纪70年代划拨给刚挂牌的南京市博物馆。此外景德镇曾附带烧制一批祝寿瓷，为蒋氏夫妇生活、陈设专用。1949年国民党退踞台湾后，这批瓷器器皿大多在日常生活使用中损坏，剩下完整的已然不多。

1947年，汪璠和彭友贤等人接受了第二批国府定瓷制作，其中以赠给英国王储伊丽莎白公主的大婚纪念瓷为重中之重，要求器物造型画面既要体现中国喜庆祥和的传统意味，又要符合英伦审美观念，制作上务求中西合璧，精工完美。设计者最初绘制了"龙凤呈祥"的传统图案，考虑到伊丽莎白的王储身份，又赶制加绘了"百鸟朝凤"和"丹凤朝阳"。

江西省博物馆藏"中正"底款铁骨泥描金开光粉彩山水纹双耳尊

婚礼瓷草图经宋美龄邀英国友人审定,认为画面喜庆元素尚嫌不足。于是景德镇方面重新构思,设计出"双龙戏珠"的图案:龙的外沿绘"卍"字连方图案,内侧绘桃形连续图案,中心绘有"囍"字,周围盘绘五只蝙蝠,寓意五福临门,器底款落有"英皇储伊丽莎白公主大婚纪念""蒋中正、蒋宋美龄敬赠"字样。定稿后即重工粉彩精心绘制,用黄金箍边并点缀龙须、龙眼、龙甲以及边脚;烧炉后再用玛瑙笔磨刮,使瓷器整个画面金光夺目,熠熠生辉。大婚纪念瓷完成后运抵南京,随即以蒋宋名义送往伦敦志贺。

如今,人们还能通过江西省博物馆收藏的一件铁骨泥描金开光粉彩山水纹双耳尊,窥见当年"国府礼宾瓷"精美绝伦之一斑。此尊颈腹部耳饰最丰富多彩,先堆塑两对称"S"形如意耳,其下挂有卍字形、双鱼、如意云头、蝉四种瑞物贴塑装饰,腹部前后开光内均以粉彩绘山水纹,器底红彩书"中华民国三十六年"字样,下部落有"中正"方框款,做工之细巧精到着实令人叹为观止。

景德镇蒋字祝寿瓷杯盘

蒋李之争 ——李宗仁在南京任副总统与代总统的日子

李宗仁（1890—1969），字德邻，广西临桂人。作为国民党桂系元首，率八桂子弟同蒋介石有过北伐、抗日时期的相互合作，更有你争我斗的激烈交锋。解放战争后期国民党军队的全面溃败则为李宗仁及其桂系暂时提供了一个表演舞台：经二十多年与蒋氏反复较量，李宗仁从一名地方实力派领袖一跃而为中华民国副总统，一年不到的时间里又登上代理总统宝座。

1947年，人民解放军转入战略反攻阶段，美国深感南京政府前景堪忧，其对华政策开始"急转弯"。6月，美特使魏德迈来华视察期间，曾与桂系首脑李宗仁、白崇禧有过接触，他在稍后发表的声明中说，中国的复兴"有待于令人振奋的领袖"，对蒋介石很是失望。美驻华大使司徒雷登也由南京向国务院发出一份特别报告，内称："象征国民党统治的蒋介石，其资望已日趋式微"，而"李宗仁将军之资望日高"。李宗仁就是在这样的背景下，以"民主将军"的面目适时登场了。

抗战时期，蒋介石与桂系李宗仁、白崇禧合影

1948年4月20日国民大会竞选人公告

李宗仁早就不安于北平行辕主任一职，一则急欲借机从北平险境中解脱出来，二则为与美国政府调整对华政策的举措相呼应，故决定参加1948年春"行宪国大"副总统之职的角逐。他从北平赶到南京，住进国防部设在大方巷21号的招待所内，会同黄绍竑、程思远等桂系智囊积极筹划竞选事宜，并以太平路安乐酒家为竞选大本营，决策机关另设于大悲巷雍园一号白崇禧公馆内。

总统"选举"可谓波澜不惊，蒋介石虽故作姿态仍顺利当选；副总统的竞选却因有蒋桂直接交锋而风波迭起。蒋介石先用正副总统候选人必须由党内提名的规定压制李宗仁，李毫不退让，声称党内不提名就在党外竞选，还与同时参选的国民党元老于右任、程潜结成攻守同盟，志在必得。蒋被迫收回成命，又企图凭借中央权财之力支持孙科当选，下令由CC系陈立夫负责有关事宜。岂料陈独揽助选引起党内其他派系妒忌，唯恐其得手后愈益得势，于是转而支持李宗仁，局势反而对李有利。国民大会三轮投票下来，李宗仁得票最多，一直领先孙科200票左右，但尚不足法定多数。为阻止李氏当选，蒋介石加紧活动，一方面制造舆论，说李有逼宫夺权的打算，一方面压其他候选人退出竞选，把所得票改投给孙科。李宗仁针锋相对，以"国大代表不能自由投票"为由宣布放弃竞选，孙科不得已也退出竞选，使国民大会一度陷于瘫痪状态。

李氏以退为进的策略果然奏效，多年来不满蒋介石的人几乎全站到李桂一边，蒋介石不得不出面要求其重新参选，无形中令对手势力大增。1948年4月29日，李宗仁终于在第四轮决选中以微弱多数击败孙科，当选国民政府第一任副总统。尽管据1946年底国会通过的宪法条文规定，中华民国副总统没有多大实权，但毕竟这次在国大内进行的蒋李对抗以李桂取胜告终，不仅堪称桂系在中国政坛上的一项杰作，更是对蒋介石个人权威的严重挑战。

子超楼前精美的西洋式路灯

副总统投票现场

1948年5月,中华民国"总统之印"

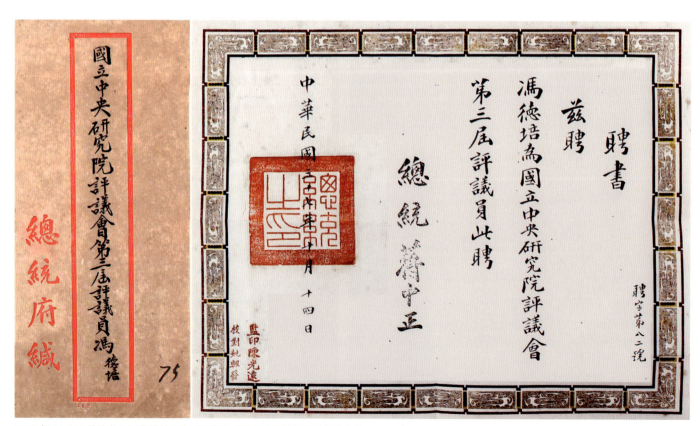

1948年10月以总统名义颁发给神经生理学家冯德培的聘书与总统府专用信封

副总统竞选人孙科宴请宾客

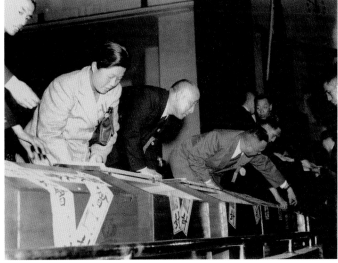
秘书处人员在紧张验票

　　正副总统就职典礼上，蒋介石给了即将就任的李副总统一个不大不小的教训。关于此事，李宗仁多年后在回忆录中如是叙述道："按政府公布，总统与副总统就职日期是五月二十日。我照例遣随员请侍从室转向蒋先生请示就职典礼时的服装问题，蒋先生说应穿西装大礼服。我听了颇为怀疑，因为西式大礼服在我国民政府庆典中并不常用，蒋先生尤其是喜欢提倡民族精神的人，何以这次决定用西服呢？但他既已决定了，我也只有照办，乃夤夜找上海有名的西服店赶制一套高冠硬领的燕尾服。孰知就职前夕，侍从室又传出蒋先生的手谕说，用军常服。我当然只有遵照。"

1948年5月20日，中华民国"总统""副总统"就职典礼

正副总统就职典礼后步入总统府礼堂

李宗仁接着又回忆道:"五月二十日,参加典礼的文武官员数百人皆着礼服,鲜明整齐。各国使节及其眷属也均着最华贵庄严的大礼服,钗光鬓影与燕尾高冠相互辉映。这是国民政府成立后第一任正副总统的就职典礼……在这种气氛中,我深感到穿军便服与环境有欠调和。孰知当礼炮二十一响,赞礼官恭请正副总统就位时,我忽然发现蒋先生并未穿军常服,而是长袍马褂,旁若无人地站在台上。我穿一身军便服伫立其后,相形之下,颇欠庄严。我当时心头一怔,感

竞选中李宗仁夫妇接受记者采访

竞选副总统败北后神情落寞的孙科

蒋、李在当选正副总统后,携官员赴中山陵谒陵

觉到蒋先生是有意使我难堪……蒋先生以一国元首之尊,在这种小地方,他的度量都不能放宽,其为人如何也可想见了。"仅此一幕,即可预料蒋、李二人未来共事前景了。

当初蒋介石为拆开李、白,把白崇禧调到南京当政府首任国防部长,如今李宗仁当上副总统回到国民党中央,为不让两人同处一地,蒋又把白崇禧调离总统府,到武汉担任华中"剿总"司令,遗缺由蒋嫡系大将何应钦顶替。由于蒋介石一手独揽大权,挂着"一人之下、万人之上"虚名的李宗仁在南京备受冷落,连重要会议和外事活动都很少通知他参加,国家大事更是无权闻问。总统府大院内子超楼的二楼、总统办公室对面的三室套间是副总统办公室,但因蒋、李两人矛盾已深,彼此心照不宣,所以李宗仁很少去那里办公,免得同蒋介石经常照面,而是以城北傅厚岗69号(今傅厚岗30号)为官邸过着无所作为的日子。

李宗仁获胜后挥帽致谢

李宗仁当选副总统后与何应钦握手交谈

是年入夏以后,解放战争进入战略决战阶段,三大战役先后打响,国民党军事局势的不断恶化,使蒋介石统治根基发生根本性动摇。司徒雷登向美国国务院频繁发出报告,探询对策,并在辽沈会战国民党军队败局已定的情况下,向国务卿马歇尔明确提出"委员长退休,让位予李宗仁,或其他较有希望组成非共产之共和政府与较能有效与共党作战之政治领袖"的建议。华盛顿方面对蒋也越来越丧失信心,终于决心采取切实步骤"弃蒋扶李"。李宗仁当然感到气候的变化,于10月间公开亮出"和平"主张,得到立法院部分立法委员支持,中枢干要里"主和"人士日渐增多。不久蒋系内部也显现离心迹象,黄埔系、复兴社、三青团以及国大代表、中央监执委中有30多人秘密誓约参加"拥李主和"运动,推李宗仁出面主和的呼声日益高涨。李宗仁在南京抢过"重开和谈"倡导权的同时,白崇禧则在汉口拥兵抗命,遥相应和。蒋因此对李宗仁更加忿恨,召集军统头目毛人凤、沈醉在其住宅周围布置暗杀事宜。然而一个月后,蒋嫡系精锐部队在淮海战场作战不利、覆没在即,手握40万大军指挥权的白崇禧更加重了李桂一方的筹码,蒋介石鉴于情势,只得取消密谋已久的暗杀计划。在政治、军事、经济、外交各条战线上均遭致命挫折的蒋介石,权衡全局后乃决定退居幕后,让李宗仁出来缓和局面,为己谋得喘息时间,伺机东山再起。1948年12月24日,蒋正式任命吴忠信为总统府秘书长,为"下野"作准备。

1948年5月，副总统投票当时的新闻片

各大报纸刊载总统副总统就职典礼的新闻报道

1949年1月21日，蒋介石在各方强大压力下宣告下野，离任文告中闭口不谈辞职之意，仅言"由副总统代行其职权"。翌日，李宗仁发表就任文告，终于如愿以偿当上中华民国代理总统。然而，蒋介石引退前已作好部署，国库里的大量外汇和货币储备被运往台湾，军事系统及装备也转移至台，除桂系所在地区与部分省份外，党、政、军各方面官员仍受命于蒋氏，连曾当过李宗仁幕僚的新任总统府秘书长吴忠信也直言不讳自己唯蒋命是从，代理总统所在政治中心——南京亦处在蒋方亲信、京沪杭警备总司令汤恩伯的直接控制下。在政敌入主总统府之前，蒋介石当然不会忘记下令府内各局"整理全部机密档案"，特别是让军务局将有关李桂的材料全都拣出销毁，以免给对方留下口实。蒋去李来，总统府一般人员感受到的最大变化就是来往文件、材料明显减少，主要原因一方面由于蒋介石坐镇溪口，手中仍紧握党政军大权不放，另一方面则因为李宗仁除在此参加一些礼节性活动和召开重要会议外，同亲信商谈、决定军机大事的地点仍以傅厚岗官邸为主。

李宗仁、郭德洁夫妇

总统选举现场，候选人居正形同摆设，蒋介石选票遥遥领先

李宗仁副总统办公室

李宗仁志在必得

民国时期李宗仁标准像

1949年元旦总统府门楼还悬挂"庆祝元旦"的字样，其后不到5个月的时间里，时局发生巨大变化

李宗仁既无经费，又无实权，由孙科任行政院院长的政府内阁竟在蒋氏操纵下擅自迁往广州办公，中央各院、部、会、署等机构和总统府各局官员也纷纷南迁，使南京顿成半空状态，总统府只能靠代总统和几位桂系秘书长支撑门面。府院分裂不仅使李宗仁陷于难有作为的困境，就连南京政府的存在似乎也成问题。

李宗仁是以"主和"为口号上台的，为摆脱处处受人掣肘的困境，也惟有以"早启和谈"为第一要务。上台伊始，他主动发起"和平"攻势，邀请沪上民主人士、社会名流出面斡旋与中共和谈事宜，还采取了一些培养国内和平空气的措施。1月24日，他以"代总统"名义发布取消全国戒严令、释放政治犯、停止特务活动等命令，不过这些命令竟无一真正实行。27日，他又亲自致电中共中央主席毛泽东，表示愿在"中共八条"的基础上进行谈判。尽管李宗仁在"和谈"问题上做足文章，但真实意图是想通过"和谈"稳定局势，争取时间，企图保全长江以南的半壁江山同中共分庭抗礼，重演隔江对峙的南北朝历史。因此当行政院政务会议讨论和谈方案时，李宗仁将"就地停战""划江分治"两项确定为和谈要旨。

4月1日，南京政府和谈代表团离京北上，所带去的"和平"方案与中共提出的和谈八项原则实际相距甚远。中共已洞悉了南京方面搞划江而治的"求和"底蕴，坚持"无论和战，人民解放军都要过江"的立场，给李桂以当头棒喝。就在同一天，南京高等院校有上千名学生走上街头举行大规模示威游行，揭露国民党政府假和谈的阴谋，并到总统府门前请愿，要求面见代总统。李宗仁派出总统府代秘书长邱昌渭接见学生代表，表示将保证学生生活和教育经费，称自己也和学生一样期望和平。但是就在当天下午，总统府大门前竟发生了军官暴徒殴打学生的四一血案——李宗仁如今已是身不由己、焦头烂额，根本无法实现当初自己有关"和平民主"的种种承诺了。面对李宗仁上台后更为恶化的国内形势，扶李上马的杜鲁门政府也停止继续对华援助，采取了"等待尘埃落定"的观望策略。曾为美国人带来希望之光的李宗仁在他们眼中已变得黯淡无奇了。

北平和谈期间，李宗仁曾多次在傅厚岗私宅内召集白崇禧、黄旭初、程思远、李品仙、夏威等桂系头目与骨干会商时局，众人对达成和谈结果都已不抱奢望。李还派飞机送夫人郭德洁、程思远夫人石泓以及黄旭初等人先行返回桂林，暗示了南京已不可久居。4月16日，南京代表团和谈代表之一黄绍竑带着《国内和平协定》最后修正案返京请示，进退维谷中

踌躇满志、气定神闲的李宗仁

李宗仁当选副总统后接受大主教赠送礼物

的李宗仁既不敢擅自接受协定,又不敢断然以拒、自绝生路。此时桂系内部亦发生严重分歧,黄绍竑审时度势,主张接受和平;白崇禧却因桂系主力尚存,反共态度强硬。争执结果,李宗仁仍不能下定决心同蒋决裂,最后拒绝在协议书上签字,和谈终告破裂。4月21日零点刚过,中共中央发出向全国进军的命令,人民解放军百万雄师开始横渡长江,至此,李、白"隔江分治"的幻想彻底破灭。

4月22日,蒋介石主持召开的杭州会议决定,总统府和行政院次日由南京迁到广州办公。大批辎重物品和人员从总统府涌出,分别向火车站和京杭国道方向奔去,一阵忙碌混乱之后,总统府内遍地狼藉。当天深夜,中国人民解放军兵临城下,城里已听得见隆隆炮声和不绝于耳的机枪声,李宗仁参加完会议由杭州飞回南京,在傅厚岗官邸度过了一个不眠之夜。23日七点半钟,总统府侍卫长李宇清为李代总统备车,总统府随员30余人乘吉普车随行开往明故宫机场,众人大多通宵未睡,面色惺松而紧张。飞机匆忙起飞后在南京上空盘旋两周,随即转翼向东南方飞去。李宗仁就这样黯然告别执掌才几个月的总统府,待17年后他偕夫人从海外回归祖国怀抱,有幸携友故地重游,南京早已换了人间。

1948年5月20日,蒋介石、宋美龄、李宗仁、郭德洁在总统府礼堂接见外国使节

1949年1月21日蒋介石宣布下野,由李宗仁代理总统,蒋离开南京时向官员辞行

1948年5月20日，中华民国"总统""副总统"就职仪式结束后，蒋介石、李宗仁与国民党军政要人在子超楼前合影

中线景区

晴雪子超楼

子超楼三楼总统会客室，原为国民政府主席会客室，是国民政府主席林森、蒋介石（后任总统）与李宗仁代理总统期间会见重要宾客的场所。1946年7月1日上午，蒋介石在此与中共领导人周恩来举行会谈。1949年3月29日晚8时，李宗仁曾在此与即将赴北平的和谈代表张治中等人交换意见

中线景区

子超楼三楼电梯与通往四楼发报室的台阶

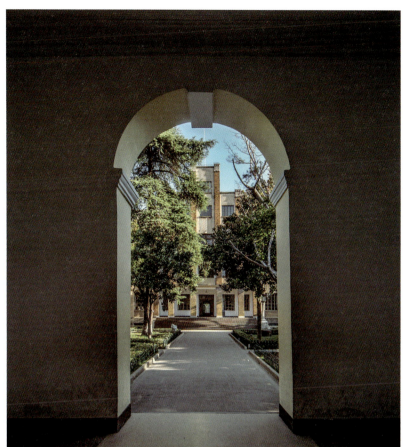
从政务局看子超楼

细雨霏霏子超楼

空中垂直俯瞰子超楼,楼顶由凸、凹两字形巧妙相套,参差错落的立面关系呈现出设计师虞炳烈的设计匠心

存亡之间 ——轰炸总统府之谜

1948年12月16日夜，南京燕子矶方向传来一阵剧烈的爆炸声，南京城为之震动。这几声剧烈的爆炸竟然是国民党空军投下的炸弹，其攻击目标正是国民党中枢——总统府。

时值解放军在全国各个战场上取得节节胜利，驻守在南京大校场飞机场的国民党空军第八大队B-24轰炸机飞行员中，厌战情绪随着形势的变化日益增长。这些"军中骄子"当时都是为反抗日本侵略而报国从军的，没想到又被拖入内战的泥潭。苦闷中一个人悄悄地接近他们，结为无所不谈的朋友，此人就是南京空军第四医院的上尉军医林建神。林医生是中共地下党党员，奉命做飞行员策反工作。经过一段时间的交往后，林医生选择俞渤作为重点工作对象，中共地下党组织1948年8月秘密发展俞渤为中共党员。通过俞渤介绍，又先后发展中尉轰炸员周作舟、中尉飞行员郝桂桥为中共党员。

俞渤接到地下党指示，要求他迅速组织四至五架飞机起义，投奔解放区。正在积极准备期间，国民党空军总司令部12月13日突然下令，将飞行员家属移至台湾，部分准备起义人员产生动摇。俞渤毅然做出决定：尽快行动，夺取飞机，对总统府发动直接攻击，然后举行起义。

12月16日夜，吃过晚饭，一辆辆美制吉普、大客车载着大校场机场飞行员，开往位于小营的空军总司令部，准备到新生社俱乐部观看电影《国魂》。《国魂》是香港永华影业公司摄制的一部故事片，讲述宋末民族英雄文天祥抵抗元军入侵的故事。由于影片颂扬封建正统观念以及文天祥对赵宋王朝的赤胆忠心，很合蒋介石的心意，蒋便下令"饬属加印拷贝三十份，运至前线及各地，以发挥先贤卫国精神而振士气"，甚至派飞机把徐州"剿总"副总司令杜聿明接到南京，专门放这部影片给他看。这次蒋介石让空军官兵集中观看这部电影，也是出于同一目的。

俞渤一行五人趁众人集合到空军总部看电影、营房空虚之际，秘密潜入停机坪，很快找到刚刚返航的一架B-24轰炸机，机号为514，机身还装有5枚尚未投出的吨级炸弹。晚9时许，飞机腾空而起，当飞临总统府上空2000米高度时，

1948年12月17日，五位国民党飞行员驾驶美制B-24型轰炸机起义后到达石家庄时的历史瞬间

从右到左，俞渤、周作舟、陈九英、张祖礼、郝桂桥五位起义人员合影

俞渤下达了准备投弹的指令。但关键时刻，投弹手周作舟却报告说：飞机发生故障，不能投弹。原来投弹的定位罗盘早在头天夜里就被潜入的中共地下党破坏，他们对此并不知情。面对突然变故，俞渤再次下达投弹命令，飞机在空中进行大弧度转向，偏离目标上空，在定位罗盘失灵的情况下，5枚炸弹终于呼啸而下，落在燕子矶方向的地面上，升腾起巨大的火球。飞机随后直向北飞去，在解放区的石家庄机场安全降落。设想如果这5吨炸弹落在总统府建筑群上，无论从民国军事史还是史迹留存的角度上讲，都将是一次致命性的"震撼"，总统府的历史无疑也会由此改写。

春色满庭芳 ——总统府后花园

从东门走出子超楼，是子超楼的几座附属建筑。首先是一座西洋式的椭圆形喷水池，其三面长廊环绕，环境清幽雅致。喷水池长廊东侧是防空洞，1932年一·二八淞沪抗战爆发后，日军飞机经常飞临南京。当时国民政府没有任何防空设施，于是1934年建造国府办公大楼时修建了这个防空洞。防空洞分为两层，全部用钢筋混凝土浇筑而成，顶层有数米厚，可防御重磅炸弹，洞内水、电、通风设备一应俱全。1949年4月24日，解放军占领总统府后，在防空洞内发现大量被焚毁的文档灰烬。

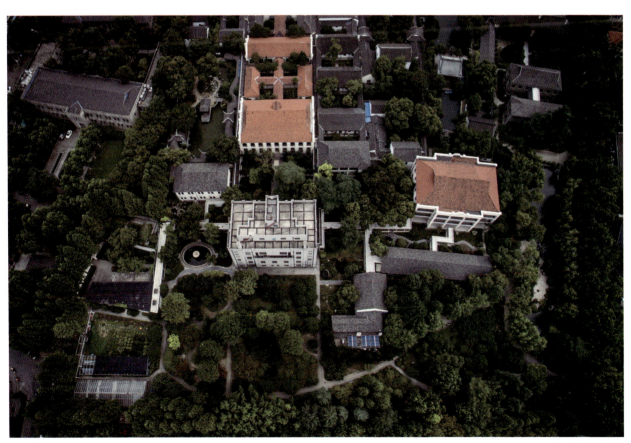

空中俯瞰后花园

1936年国民政府航拍旧照，大院后花园比现在的规模小许多

1949年4月总统府喷水池

防空洞以北是总统府车库，当年存放雪佛莱、福特、别克防弹轿车各一辆，还有大吉普车等。1936年国民政府文官处地产审查图上对此标注为"楼房"，文管会则记载为"东园车库工友宿舍，一幢，十四间"，系砖混结构，朱门黄墙，下层汽车房一层共7个车位。解放军二野后勤部汽车兵团曾从库内提去数量不等的相关物品，包括高级轿车、中吉普、基姆西卡车、自行车、机油、汽油、考帮油、加仑空桶及旧外胎等。

子超楼南部的后花园里林木繁盛，四季花香，种植有玉兰、迎春花、垂丝海棠、梅花、樱花、桃树、柿树、石榴、木瓜、无花果等各类园林植物。每逢春季这里更是花团锦簇，美不胜收。

子超楼西北侧是总统府食堂，国民政府和总统府时期为中下级军政官员、职员就餐场所。现在餐厅仍旧在使用，分为职工餐厅与游客餐厅，您兴许有机会在此品尝民国味道。

总统府车库

2006年12月在总统府展出的一辆由英国劳斯莱斯公司1921年出厂的轿车，1936年曾作为蒋介石专车，现藏于西安电影制片厂

总统府防空洞

总统府共有 7 个防空洞，唯一对外开放的一个建于 1934 年

总统府防空洞有东西两个出入口，此为西出入口

2019年3月后花园内，樱花与玉兰花竞相绽放

后花园喷水池之夜

中线景区

入夜，后花园尽褪白昼喧嚣

总统府后花园长廊

春天是总统府后花园每年最好的时光，从初春腊梅到早春红梅，再到二月兰、玉兰、垂丝海棠，直至四五月的晚樱、碧桃、蔷薇、结香，乱花渐欲迷人眼，那花团锦簇风雅极致的满园春色扑面而来。游人在此闲庭信步，无须走远，咫尺之内便可知各类花期而尽赏尽摄其绰约芳姿。喷水池边几株红梅在晨光里绽放，带着露珠，镜头中虚虚实实，犹如生宣上的丹青层层晕染开去，颇具画意。

更有那子超楼后数株樱花，盛开时节，灿若云霞，为这片天地平添一片明快靓丽的色彩。最凄美一刻当属微风轻拂，将枝头花瓣带离，在空中翩然起舞，仿佛雪花般随风飘零，恍若那历史的烟尘。

东线景区

国民政府行政院

竹影婆娑话复园

「勋高柱石」碑亭

一祠佳话 三任名督——陶林二公祠

清两江总督署史料陈列馆

洪秀全与天朝宫殿历史文物陈列

天王府窖金疑云

洪秀全金玺失窃之谜

马厩　南湖

建筑转角，揉进的是岁月时光 ——国民政府行政院

总统府东边有个院落，是国民政府最高行政机关行政院之所在。1927年4月，国民政府定都南京，陆续成立"五院"，即行政院、立法院、司法院、考试院、监察院。1928年10月3日，国民政府通过《中华民国国民政府组织法》，以行政院院长取代国务总理，并设置行政院成为全国最高行政机关。行政院为五院之首，负责掌理国家行政诸项事务，下辖内政、外交、财政、经济、军政、文化、教育等部、会、署，各行职能。

行政院大门位于东箭道19号，现大门、传达室、弧形围墙皆保持原有青砖构建样式，从北穿过大门可见三个蓄水池与行政院北楼。该楼建于1928年，共两层，楼内以中部木质剪子型楼梯相通，楼梯栏杆与门廊装饰精美庄重。楼顶"行政院"三个金色颜体楷书为第一任行政院院长谭延闿书写。

谭延闿（1880—1930），字组庵，号无畏、切斋，湖南茶陵人。其父谭钟麟曾官至两广总督。谭延闿自幼聪颖好学，1893年到长沙参加童子试，考中秀才；1904年参加清末最后一次科举考试，中试第一名贡士，列为二等第三十五名，赐进士出身；同年4月参加殿试，中光绪甲辰科会元。他不仅文章好，字亦极漂亮，所以很有可能被点为状元。相传就在慈禧老佛爷要下笔圈中名字时，发现谭延闿既是湘人且又姓谭，忽然想起令她切齿痛恨的湖南籍"乱臣贼子"谭嗣同，

2018年8月的行政院大门

谭延闿像

谭延闿为中山陵题写的颜楷

行政院南楼高大的落地钢窗与马赛克地砖是20世纪30年代最时髦的建筑装修样式

谭延闿题写的黄埔军校"陆军军官学校"校名

于是改点刘春霖为状元,一则春霖书法亦佳,二因天下大旱,春霖之名甚为吉利。谭延闿则被降为二甲,后入翰林,旋授编修,返湖南办学,成为地方立宪派首领,任省咨议局议长。光绪皇帝的师傅翁同龢称之为"奇才",赞其"伟器也,笔力殆可扛鼎"。

1934年国民政府行政院办公场景

1984年行政院大门影像

国民政府行政院印

1934年国民政府行政院阅览室旧照

1911年武昌起义后，谭延闿任湖南军政府参议院议长、民政部长，后被咨议局推举为湖南省都督。谭延闿曾任两广督军，三次出任湖南督军、省长兼湘军总司令，授上将军衔，陆军大元帅。1928年2月他任南京国民政府主席，同年10月转任行政院院长，兼首都建设委员会委员、财政委员会委员长、国民党中常委、总理陵园管理委员会委员等职。1930年9月22日病逝于南京，国民政府为之举行国葬，归葬灵谷寺。

谭延闿的处世之道可总结为一个"混"字，人送别号"药中甘草"，还落下了"混世魔王"与"水晶球"的诨名。他对此公开承认，声称"混之用大矣哉"。甘草并不名贵，却有调和百药的功能。生前老友胡汉民曾为之撰挽联云："景星明月归天上，和气春风生眼中。"以此称赞谭延闿的中和之道。上海某小报曾刊登对联，准确勾画其一生特点："混之为用大矣哉！大吃大喝，大摇大摆，命大福大，大到院长；球的本能滚而已！滚来滚去，滚入滚出，东滚西滚，滚进棺材。"

1934年的行政院北门旧照

1934年行政院北楼

北伐胜利后，蒋介石登上最高权力宝座，作为蒋宋结婚介绍人的谭延闿自然很知趣，让出国民政府主席职位，甘心去做行政院院长。面对蒋介石独裁他也有一整套对策，即抱定了一不负责、二不谏言、三不得罪人的"三不"主义。谭深知在蒋介石手下办事不易，情愿无所事事，乐得自在，做个伴食宰相，每次开会都是心猿意马，闭目养神。他唯一的嗜好便是下馆子，南京所有知名饭店都让他吃遍，号称"民国第一吃家"。

从某种意义上说，没有他就不会有如今湘菜的面貌。时至今日，"组庵湘菜"还是该菜系的重要组成部分。然而乐极生悲，吃得过精反而物极必反，最终导致脑溢血要了这位美食家的性命。谭延闿还是民国时期著名书法家，有"近代颜书大家"之称。曾有论其书法者云："先生临池，大笔高悬，凡'撇'必须挫而后出锋，凡'直'必直末稍停而后下注，故书雍容而又挺拔。"中山陵所立"中国国民党葬总理孙先生于此"碑文即出自谭延闿之手。

国民政府行政院南楼建于1934年，设计者是名噪当时的建筑设计师赵深，建筑简洁而不失庄重，是典型的新民族主义建筑风格。整栋办公楼青砖砌就，钢门钢窗，楼梯部分为落地钢窗，地面铺设当年流行的马赛克装饰材料。南楼共分两层，内设行政院正副院长、秘书长、政务处长办公室及总办公厅、稽查室、参事室等。行政院院长由国民政府主席任命，蒋介石、孙科、汪精卫、孔祥熙、宋子文、冯玉祥、张群等人均担任过正副院长并在此办公。该楼现布有"行政院文物史料陈列"，其中复原展都是依照民国时代的物件和形制布置摆放的，展现行政院从1928年10月25日成立至1937年11月16日迁往重庆这十年间的历史进程。此楼悬挂的时钟均定格于11：05时，因为1937年11月16日侵华日军兵分三路直扑南京，形势相当危急，是夜11时刚过，国民政府行政院就从这里离开首都，西迁重庆，这一走便是九年时间。

东线景区

1928年10月至1937年11月，谭延闿、蒋介石、孙科、汪精卫先后任行政院院长

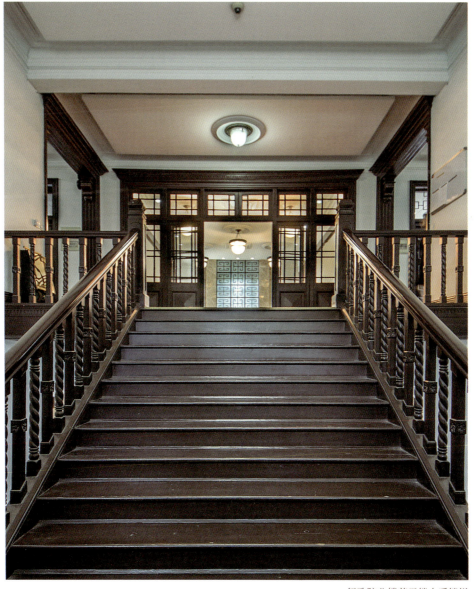

行政院北楼剪子楼木质楼梯

二楼楼梯口悬挂的"清慎勤严速"横匾，是1928年蒋介石为行政院成立题写的训词。蒋介石任行政院院长时间最长，办公室里悬挂着孙中山给他题赠的"静敬澹一"横幅。孙先生希望蒋介石为人处世能够保持豁达平和、宁静专注的心态，然而人们从蒋介石大量反映其内心活动日记中不难发现，喜怒无常、敏感多疑、独断专行是其主要性格特点。

行政院北楼上"行政院"三字为谭延闿手书

行走在行政院庭院，留意脚下，能看见镌有行政院篆字的铸铁窨井盖

此后这里一度成为汪伪交通部与铁道部所在。抗战胜利后国民政府还都,行政院迁至中山北路 61 号原铁道部(现今中山北路 254 号)办公,原址则改为国民政府社会部、地政部与侨务委员会办公场所。

行政院院长办公室

汪伪时期伪交通部与伪铁道部大门

行政院消防栓系 1934 年 6 月国民政府行政院办公大楼建成时,由首都水厂安装

俯瞰行政院南门

行政院南楼雪景

行政院北楼会客厅

国民政府行政院史料陈列

竹影婆娑话复园

复园原为太平天国天王府东花园一部分，1864年太平天国失败后与天王府同被焚毁，一直没有重建，直到2002年才根据史料复原了一部分，故起名"复园"。

复园虽小，却很精致，门外小道两旁植有挺拔的篁竹、斑竹和紫竹。园门为月洞门，门口无巨石或假山掩隐，进入园内便可一目了然。中庭池塘有石舫一座，园子以西有一条蜿蜒曲折的游廊通达北部尽头，将园内的景致串联起来。此园还建有喋云亭、双鉴轩及"鸣曦""轻飔"等景致，美不胜收。

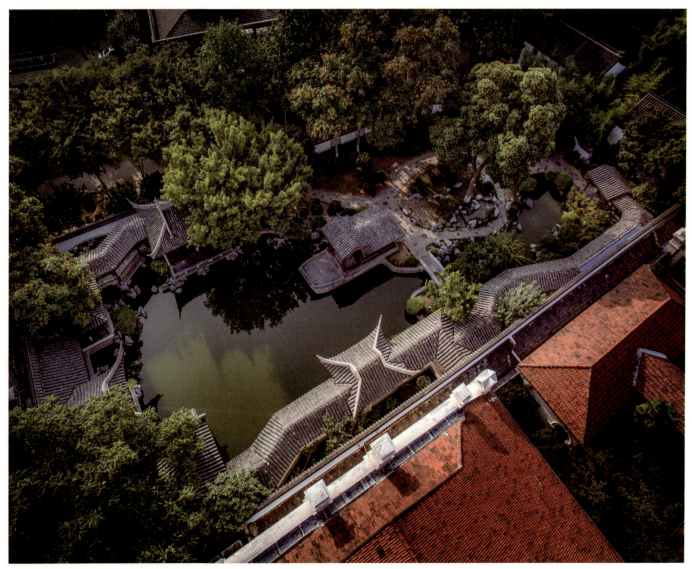

俯瞰复园

雪霁复园

光影复园，徜徉其间，心旷神怡

复园暮雪 晚来天欲雪,能饮一杯无

封侯之际万骨枯 ——"勋高柱石"碑亭

总统府东侧绿树丛中掩映着一座碑亭，亭中立有"勋高柱石"巨型石碑。碑高 3.3 米，宽 1.1 米，厚 0.25 米，由此可了解曾国藩镇压太平天国那段血雨腥风的历史。

咸丰二年（1852 年），曾国藩因母丧在家。这时太平天国运动已席卷半个中国，尽管清政府从全国各地调集大量八旗、绿营军来对付太平军，但这些武装早已腐朽不堪，丧失了战斗力，清廷只得屡次颁发奖励团练命令，为曾国藩湘军的崛起提供了契机。曾国藩在其家乡湖南一带，依靠师徒、亲戚、好友等人际关系建立起一支地方团练，称为湘勇，"凡枪炮刀锚之模式，帆樯桨橹之位置，无不躬自演试，殚竭思力"。他还派人赴广东购买西洋火炮，筹建水师。1854 年 3 月，湘军练成水陆两军，共 17000 多人。

咸丰十一年（1861 年）9 月 5 日，湘军攻陷安庆。年底定三路军进军之策："以围攻金陵属之国荃，而以浙事属左宗棠，苏事属李鸿章，于是东南肃清之局定矣。"同治元年（1862 年）曾国荃率湘军 3 万人扎营南京雨花台附近，围攻天京甚急，洪秀全命令各地太平军回援天京，太平军集结 20 万兵力，大战湘军 40 多天但未能取胜。

同治三年（1864 年）7 月，天京陷落，湘军在南京城展开屠杀与抢掠，整座城市焚毁严重，平民百姓死伤无数，曾

碑亭夜练

国藩由此获称"曾剃头""曾屠户"绰号。

湘军既克金陵,同治帝下谕旨称:兹幸大功告成,逆首诛锄,实由该大臣筹策无遗,谋勇兼备,知人善任,调度得宜。曾国藩着加恩赏加太子太保衔,锡封一等侯爵,世袭罔替,并赏戴双眼花翎。次年四月曾国藩又接到廷寄:授一等侯,并加"毅勇"二字。其实此番封赐与当年咸丰帝允诺谁先攻下金陵就封谁郡王之意大打折扣,曾国藩也深知自己功高震主,已然为清皇室尤其是慈禧太后所忌惮,遂自裁江宁城内外湘军25000人,并借口曾国荃生病,为其奏请开缺回籍,亦获批准。

同治九年(1870年)曾国藩在直隶总督任上处理天津教案成为清廷替罪羊,饱受朝野骂名,慈禧借机将其调离京畿要地,使之第三次出任两江总督。曾国藩虽托辞"病体不胜重任"却未得应允,行前特去朝觐同治皇帝的那天正好是他六十大寿,16岁的同治赐予御笔手书"勋高柱石"四字以示安抚。"勋高"系指曾国藩镇压太平天国功勋卓著,"柱石"则比喻其总督东南,坚如磐石。曾国藩到南京任职后,命人将"勋高柱石"勒铭碑石立于两江总督署署东高楼内,以示荣耀。后来此碑湮没于世,直到1989年才被发掘出土。

勋高柱石碑可能为督署望亭遗物,此为1910年督署望亭旧照

勋高柱石碑拓片

一祠佳话，三任名督 ——陶林二公祠

陶林二公祠建于清光绪九年（1883年），由时任两江总督的左宗棠邀约南京地方士绅集资建立，供奉陶澍、林则徐，借以报答此二人的知遇之恩，以示永久追慕。

这座祠堂是前后三任两江总督相识相惜的见证。祠堂原址位于南京市长江东街4号，建筑面积479平方米，院落面积683平方米。1992年，陶林二公祠被列为南京市文物保护单位。2001年南京市举办华商大会，有关部门考虑到中山东路沿线景观以及大行宫市民广场总体改造效果，决定对陶林二公祠实施拆移复建。2007年用拆迁后尚余349件木构件，

1988年移建前的陶林二公祠成为多户居民的住所

祠堂供奉陶澍（右）与林则徐（左）木雕彩绘塑像，上悬道光皇帝手书"表忠""干国良臣""功资柱石"匾额，左右为左宗棠手书楹联

二公祠入口

前庭

二公祠前秋意浓

在长江路总统府东花园复建陶林二公祠。整体建筑坐北朝南，形制为二进三开间，由前厅、大厅、左右廊构成一个近正方形院落，院落东侧为厢房。大厅硬山顶通面阔三间12.9米，进深9.3米，高11米，前檐十四攒七彩斗拱为原件安装，雕饰精美。原建筑的两进房间由一短小回廊连接，院内植有多棵树木，前厅正门对面建有照壁。

陶澍（1779—1839）是清代嘉庆、道光两朝名臣，为官清正廉明，富有改革精神。道光五年（1825年）他由安徽巡抚调任江苏巡抚，道光十年（1830年）升任两江总督兼理两淮盐政，直至病逝督署。陶澍在江苏工作15年间，也是一生政绩最突出的时期。他不惧别人攻击诽谤乃至威胁，坚决施行"漕粮海运"和"纲盐改票"，兴利革弊，轰动朝野，其整肃吏治、兴修水利、整顿仓储、赈恤灾民等举措亦为时论所推重。江南地区在他治理下，成为当时国内经济繁盛、人才荟萃区域。道光皇帝曾亲书"印心石屋"匾相赐。

陶澍的用人之道同样值得称道。他强调人才要有实学，将魏源、包世臣、冯桂芬、周济、姚莹等既具经世致用思想又有解决问题能力的人才纳入幕府，包括林则徐、左宗棠在内的一批才杰俊彦也是经他发现、引荐或提拔，进而被朝廷委以重任的。

1839年6月陶澍病逝于南京，他给南京留下的最重要遗产是为读书人建立一座文化圣殿：在龙蟠里清凉山下所建惜阴书舍，后发展成为江南图书馆，其藏书楼则被命名为"陶风楼"。林则徐曾撰联表达追思之情：大度领江淮，宠辱胥忘，美谥终凭公论定；前型重山斗，步趋靡及，遗章惭负替人期。

陶澍画像

陶澍自题画像

左宗棠像

左宗棠书法

二公祠东厢房之道光皇帝手书"绥疆锡祜"匾额。绥为安抚意，疆即疆土，锡通赐，祜即福气，意为陶澍镇守一方，给老百姓带来福气。柱上为林则徐追思陶澍的撰联

形制二进三开间的二公祠

林则徐（1785—1850）曾于道光四年（1824年）以江苏按察使身份署理江苏布政使，后任江宁布政使。1832年升任江苏巡抚期间，遇苏省水灾，他向朝廷详尽陈述灾情，呼吁缓征漕赋，提出"多宽一分追呼，即多培一分元气"，在保证清王朝社会稳定和赋税来源的同时，也挽救黎民百姓于水火。此外，他还改革江南乡试场规，整顿风气，因清廉自律、秉公循法而被两江境内百姓誉为"林青天"。

陶、林二人同在南京为官，私交甚厚，林则徐在陶澍进京述职或到外地巡视防务期间，曾两次代理两江总督职责。道光十七年（1837年）林则徐被任命为湖广总督，才离开江苏。后人为感念二人政绩，故合建祠堂而祀之。

陶澍与另一位晚清重臣左宗棠的相识纯属偶然。1836年左宗棠主讲于长沙府醴陵渌江书院，时任两江总督的陶澍回乡省亲时路过醴陵。左宗棠受醴陵县令邀请，为陶澍所住馆舍题写了一副对联："春殿语从容，廿载家山印心石在；大江流日夜，八州子弟翘首公归。"陶澍见对联内容高雅，书法秀美，又见左宗棠气宇轩昂，谈吐不俗，遂同他说古道今。左宗棠平时喜欢钻研经世致用之学，陶澍则是清代经世致用第一人，两人惺惺相惜，彻夜长谈。陶澍还拜托左宗棠教育自己惟一的儿子陶桄，从此二人结为忘年交。两年后左宗棠赴京赶考，归返时前去两江总督署拜访陶澍。陶澍以上宾之礼招待他，其间指着总督位置对左言："他日君当坐此，名位尚在吾右。"表明他对左宗棠才学与人品的器重。当时左宗棠只是个科场上屡试不中的穷酸文人，封疆大吏陶澍却聘其为家庭教师，甚至将幼子陶桄许给其女儿为婿。可以说若无当年陶澍鼎力相帮，就不会有后来左宗棠所建诸多业绩。

陶澍书法

广东虎门林则徐青铜塑像

林则徐书法

道光二十九年（1849年）秋，一叶扁舟经辰州，泛沅江、溯湘水，向长沙行来，停泊在岳麓山下。林则徐因重病回乡疗养，途经长沙作短暂停留，为的是与相闻已久却素未谋面的左宗棠会晤。林则徐最早是从好友胡林翼那里得知左宗棠其人的。胡林翼与左宗棠同为长沙府人，又是同年出生，过从甚密。陶澍逝世后，左宗棠受托前往陶府教授陶家子弟，胡林翼也回乡常与之"风雨连床，彻夜谈古今大政"，称赞左宗棠为"近日楚才第一"，遂向林则徐大力举荐。林则徐函复胡林翼道："承示贵友左孝廉，既有过人才分，又喜经世文章，如其噬肯来游，实所深愿。即望加函敦订，期于早得回音。"但左宗棠因侄子成亲、陶澍儿子读书等琐事缠身错失良机，不过林则徐就此记住了左宗棠的名字。据《清稗类钞》与林家相传，左宗棠与林则徐在长沙湘江舟中相见，"左宗棠晋见文忠，登船时不慎落水，左右亟予扶起，沐浴更衣，然后主客畅叙。"林则徐时年65岁，左宗棠37岁，两人一见如故，在湘江上纵论天下之经纬，畅谈旷世之抱负。林则徐坚信左宗棠终究会脱颖而出，并预言"西定新疆，舍左君莫属"。他还就湘江夜话题赠一联曰：此地有崇山峻岭，茂林修竹；是能读三坟五典，八索九丘。上联是写湘江夜话处的优美景色，下联则抒发了胸怀古今文化之豪情。

一年后林则徐在赴广西任职途中去世，遗奏中还向咸丰推荐左宗棠这一"绝世奇才"。左宗棠则从长沙朋友处听闻噩耗，不由地痛哭失声，撰联寄托哀思："附公者不皆君子，间公者必是小人，忧国如家，二百余年遗直在；庙堂倚之为长城，草野望之若时雨，出师未捷，八千里中大星沉。"两人虽仅晤一面，畅谈一宿，思想上却相知相通。挽联表达了左宗棠对林则徐的崇敬之情，也道出对其坎坷遭遇的无限痛惜与愤懑。三十多年后，左宗棠独排众议力主西征，率湘军经嘉峪关沿河西走廊前往哈密，仅用三年时间就一举收复了除伊犁地区外新疆所有失地，实现了当年林则徐对其殷殷所望。

而今，湖南长沙河西牌楼口湘江边竖有林左二人青铜雕塑，湘江夜话的故事已成千古美谈

东线景区

斗拱之美,匠心营造

前檐十四攒斗拱之夜

二公祠照壁所嵌再现祭祀场景的大型砖雕《崇祀名贤》

二公祠古建榫头人物砖雕

陶林二公祠古墙檐瓦装饰造型

忽如一夜春风来,千树万树梨花开。雪中陶林二公祠

二公祠之夜

厘治两江，历任名督 ——清两江总督署史料陈列馆

清两江总督一职，始设于康熙四年（1665年），截至宣统三年（1911年），经雍正、乾隆、嘉庆、道光、咸丰、同治、光绪，历时九朝247年，有影响的总督共计86人98任。"两江"系指江南、江西两省，江南省则为苏、皖总称，江苏同时下辖松江府即今之上海。当时两江一带人文荟萃，经济繁荣，是清王朝财赋重地，故而两江总督地位相当重要。作为朝廷封疆大吏，两江总督一般官居从一品，主要职责是"厘治军民，察举官吏，修饬封疆"，即坐镇东南，举荐考察地方官吏，总管三省军政事务。

清康熙年间全国设八大总督，依次为直隶总督、两江总督、陕甘总督、闽浙总督、湖广总督、四川总督、两广总督和云贵总督。两江总督在八大总督中是管辖省份最多的，政治地位仅次于直隶总督，所以此职一般由满人担任，太平天国运动后渐由汉人执掌。

进入总督署史料陈列馆大门，院中有块"惠洽两江"的卧碑，是乾隆帝赐给时任总督尹继善的御笔。"惠"乃恩泽之意，"洽"意为遍及，褒奖尹继善为官两江，造福一方，泽被百姓。尹继善为人通情达理，严肃公正，先后四次担任两江总督共计18年。他在江南为官30余年德政较多，尤其是乾隆多次南巡，每到金陵，尹继善总是调度得宜，安排周到。

清两江总督署史料陈列馆大门之夜

于成龙

　　督署花厅系当年总督工余休憩处，也是宾朋幕僚畅谈饮宴之地。花厅上方有一块乾隆亲笔题写的"清风是式"横匾，是为康熙年间两江总督于成龙题写。于成龙于康熙十九年底升任两江总督，生活简朴，甚至在总督署里自种青菜吃，还用督署后院龙爪槐的树叶当茶叶，以至树上常年都是光秃秃的。1684年冬康熙南巡到江宁，称刚刚去世的于成龙为"天下廉吏第一"。几十年后，乾隆在此又想起为官清廉的于成龙，于是亲笔题写"清风是式"以示褒扬。

　　衙署大堂是总督承接圣旨、与下属商讨军政大事所在，也是拜祀之日举行礼仪活动的场所。如今悬挂的"惠洽两江""秉钺三江""三省钧衡""两江保障"匾额均出自皇帝赏赐给两江总督的御笔。因江南省又分为上江（今安徽）和下江（今江苏），再加上江西，故而合称"三江"。明清以来，此地一直是全国经济最发达地区。

　　"近代名督史料展"介绍了自鸦片战争以来在中国近代史上颇有影响的12位两江总督生平事迹，展厅内还陈列了总督仪仗和清代官服，附有"清朝官职品级服饰图表""两江总督年表"等介绍。展厅内陈列的清两江总督冬夏官服饰有朝冠、朝服、朝带、朝珠、披肩和官靴等，朝冠顶为红宝石、珊瑚，朝服为蓝色或石青色，绣有九蟒五爪，前胸后背各绣一块正方形仙鹤图案补子，朝珠由108颗玉珠串成，间以四颗大珠分开，代表春夏秋冬。

乾隆帝赐给两江总督尹继善的御笔"惠洽两江"

林则徐

林则徐（1785—1850），福建侯官人，晚清政治家、思想家和诗人，官至一品，曾任湖广总督、陕甘总督和云贵总督，两次受命钦差大臣。第一次鸦片战争期间因虎门销烟与抗英而闻名中外，有民族英雄之誉。

耆英

耆英（1787—1858），爱新觉罗氏，满洲正蓝旗人，历任内阁学士、内务府大臣、礼部尚书、户部尚书、钦差大臣兼两广总督、盛京将军。他和伊里布是中国近代史上首个不平等条约——《南京条约》的中方签订代表。后因欺谩之迹为王公大臣论劾，被咸丰帝赐死。

曾国藩

曾国藩（1811—1872），中国近代政治家、战略家、理学家，湘军创立者与统帅。与胡林翼并称"曾胡"，官至两江总督、直隶总督、武英殿大学士，封一等毅勇侯，谥号"文正"，后世称"曾文正"。他力主引进西方先进科学技术，与李鸿章等人创办江南制造总局等军事工业，并开创留学西方之先河。在为人处事、修身治家方面也有独到见解，直接影响了后世一批著名政治家、文学家。

李鸿章

李鸿章（1823—1901），安徽合肥人，晚清洋务运动领袖，世人多称"李中堂"。他官至北洋通商大臣、直隶总督，授一等肃毅侯，当时一系列重大历史事件无不参与，被日本首相伊藤博文视为"大清帝国中唯一有能耐可和世界列强一争长短之人"，德国海军大臣柯纳德称为"东方俾斯麦"，慈禧太后视之为"再造玄黄之人"。《马关条约》《辛丑条约》《天津条约》等不平等条均由其签订，李鸿章晚年亦称自己是大清王朝的糊裱匠。弱国无外交，这位生不逢时的晚清能臣注定身后骂名滚滚。

刘坤一

刘坤一（1830—1902），字岘庄，湖南新宁人。廪生出身，曾参加湘军楚勇对太平军作战，出任广西布政使、江西巡抚、两广总督、南洋通商大臣等职，大力发展海运与兵工生产，受命帮办海军军务。他两度出任两江总督，也是南京大学前身三江师范学堂创始人之一。1901年与张之洞联名上疏请求变法，提出兴学育才、整顿朝政、兼采西法等主张，开启晚清改革之先声。

沈葆桢

沈葆桢（1820—1879），原名沈振宗，福建侯官人，中国近代造船业、航运业、海军建设事业奠基人之一。同治十三年（1874年）日本入侵台湾，清政府即命沈葆桢为钦差大臣办理台湾等处海防，他率船舰前往部署，筑垒备战，又于日本撤军后主持开采基隆煤矿，为郑成功建祠。光绪元年（1875年）升任两江总督兼南洋通商大臣，督办南洋海防，大力扩充南洋海师，是清政府力主筹建海军的重要人物。

左宗棠

左宗棠（1812—1885），字季高，湖南湘阴人。湘军著名将领，洋务派代表人物之一。左宗棠早年就读于长沙城南书院，二十岁乡试中举。此后在会试中屡试不第，却留意农事，饱览群书，钻研舆地与兵法，后经历湘军平定太平军、兴办洋务运动、平叛陕甘回乱、收复新疆及建省等一系重要历史事件，官至东阁大学士、军机大臣，封二等恪靖侯。中法战争时，他自请赴福建督师，光绪十一年在福州病逝，追赠太傅，谥号"文襄"。

曾国荃

曾国荃（1824—1890），字沅浦，曾国藩九弟，湘军中人呼"九帅"，因善于挖壕围城有"曾铁桶"之称。咸丰六年（1856年），石达开兵犯江西，战局危急，曾国荃投笔从戎，招募三千湘勇赴江西援助兄长，攻打吉安，其军号曰"吉字营"。曾国荃曾在"半年之里，七迁其职"，先后攻克安庆、南京等重镇，与其兄同日封爵，人们评说"曾国藩以湘军领袖而居功首""其弟国荃，论功仅亚国藩"。他曾奏请并扩建金陵制造局，设立江南水师学堂，授太子太保，任两江总督。

张之洞

张之洞（1837—1909），清代洋务派代表人物，人称"香帅"。曾任内阁学士、山西巡抚、两广总督、湖广总督、军机大臣等职，多次署理两江总督，却从未实授。他主张"中学为体，西学为用"，创办汉阳铁厂、大冶铁矿、湖北枪炮厂等工业，还创办自强学堂（今武汉大学前身）、三江师范学堂（今南京大学前身）、慈恩学堂（南皮县第一中学）、广雅书院等。据《清史稿》载，张之洞身材不高，蓄长须，风仪峻严整齐，为官数十载，每任一处颇有建树，他办事喜好宏大，不计费用，平素爱才好客，引天下贤士竞相归依。

魏光焘

魏光焘（1837—1916），湖南隆回人，曾任新疆省布政使、新疆巡抚、云贵总督、陕甘总督、两江总督、南洋大臣、总理各国事务大臣等要职。署理两江总督期间，他在外交事务上完成前任刘坤一未能了却之若干悬案：如对外交付赔款时，洋人动辄增涨金价，从中牟利，他与各国领事力争，平价立案；又如疏治上海黄浦滩事，能从外人手中收回自主权。他还整顿水师学堂，推行机器水电制造各局，扩充师范、格致、译电各学堂，筹建三江师范学堂等。

端方

端方（1861—1911），字午桥，号陶斋，金石学家。满洲正白旗人，官至直隶总督、北洋大臣。作为中国新式教育创始人之一，曾率团出访美、日、英、法、德等十国。他代任两江总督期间，在南京鼓楼创办暨南学堂，即今广州的暨南大学前身。1907年，端方在南京创立近代最早的省立公共图书馆之一"江南图书馆"，也是中国第一所幼儿园的创办人。任江苏巡抚期间他革除陋习，下令将各州县照例奉送的红包全数退回，改作选派当地学生出国留学费用。端方属新派人物，喜欢拍照。在直隶总督任上，因福升照相馆尹绍耕在慈禧奉安大典现场偷拍照片受到牵连而遭免职。1911年起用为川汉、粤汉铁路督办大臣，前往镇压四川保路运动时在资州被部下乱刀所杀。

张人骏

张人骏（1846—1927），清末政治家。宣统元年（1909年）始任两江总督兼南洋劝业会会长，在南京丁家桥、三牌楼一带建南洋劝业会场馆，是当时官商合办的大型博览会。第二年，劝业会开幕，盛况空前。他在南京修建过两座城门，修建丰润门（今玄武门）以便于达官贵人游览玄武湖，修建草场门则为运输车马草料。其在两广总督任上多次抗争外强，维护国家主权，曾与日本驻粤领事据理交涉，为收回东沙群岛奠定基础，又派水师提督李准等170余人分乘军舰前往西沙群岛，查明岛屿并命名勒石，在永兴岛升旗鸣炮昭告中外。南海诸岛中有一块岛礁被命名为"人骏滩"，沿用至今。

清代一品文官补子仙鹤图案

清代一品武官补子麒麟图案

两江总督官服

一品总督出行之杏黄伞

清两江总督署大堂复原陈列

清两江总督署花厅复原陈列

天国风云录 ——洪秀全与天朝宫殿历史文物陈列

洪秀全于1851年在广西金田村起兵，1853年攻占南京后，在两江总督署原址大兴土木营建天朝宫殿（俗称天王府），1864年湘军攻入南京，天王府被付之一炬。洪秀全领导的太平天国农民运动虽然失败了，却从根基上动摇了清王朝的统治。半个世纪后，自称"洪秀全第二"的孙中山就在当年洪秀全上朝的地方宣告成立中华民国，结束了中国历史上两千多年的封建专制统治。

现有陈列展是根据史料记载，通过场景复原天王府局部殿堂，再现天朝宫殿的壮丽堂皇。展馆天井四周围廊和房屋外檐均绘有和玺彩画，用以表现当年天朝宫殿的气势和天王至高无上的尊严。和玺彩绘又称金龙和玺，是彩画中等级最高的，中间图案由金龙或龙凤组成，只有宫殿主要建筑和显赫庙堂方可使用。另外还陈列有出土的石柱础、石鼓及"纶音"碑额、碑座等文物，供游人参观。

天王机密室是洪秀全批阅军机文件和商讨机密大事的地方。正中高悬匾额上书"人间天国"四字，其中"天"字两横上长下短，"国"字内为"王"字，与正常写法不同，常被游人误认为错别字。这两个字其实大有深意："天"字上

十年壮丽天王府，化作荒庄野鸽飞

横长寓意"普天之下,唯天最大",暗喻"唯天王最大";"国"中不写"或"而写"王",取"王居国中"之意。屏风前有大龙椅和踏几各一张,龙椅旁还有香几,两侧楹联写着"虎贲三千,直扫幽燕之地;龙飞九五,重开尧舜之天",表现主人取代清王朝统治、建立天朝大业的雄心。

金龙殿则是洪秀全召见群臣、颁布诏书、议政及举行重大庆典活动的地方,《天朝田亩制度》《资政新篇》等重要法规都是在这里颁布的。室内陈设按有关历史资料仿制,但规模已远不如前。殿内天花板为方格形宫廷彩绘,每个格内均绘有彩色贴金团龙。顶部正中为八角形藻井,藻井正中倒悬浮雕蟠龙,龙口衔一银球,意为"游龙戏珠",藻井下方是天王宝座,宝座上方横匾红底金字写"太平一统"四个大字,明示太平天国"天下一家,共享太平"的政治纲领。天王宝座置放在须弥座台基上,由17条形态各异的金色木雕蟠龙装饰,宝座后是五扇金龙屏风,上雕24条金色蟠龙,宝座前两根蟠龙金柱则尽显天王尊贵。洪秀全起初并不喜欢龙,见龙必用利箭戳入龙眼,定都南京后他一反常态,托梦说在天父那里见到了龙,开始用龙来装饰天朝宫殿的一切。两边墙上挂有四幅反映太平天国时期艺术风格的山水画,宝座旁则陈列着天王龙袍和凤帽。太平天国的冠服有一套严格制度,各级官员不得随意穿戴。喜庆朝会等重大场合所戴头冠称角帽,天王的角帽又叫金冠;秋冬时所戴帽子为凤帽,夏天还有凉帽等。天王的黄龙袍上绣有九条金龙,以示九五至尊。

复原后的太平天国机密室

复原后的金龙殿重檐圆顶,栋梁涂金,气派非凡。此殿原为洪秀全亲自设计督造,是洪与群臣议政之处。众臣朝见时,天王端坐宝座,印赞官呼跪,则皆跪;天王有旨则依次而入,趋跄起跪,山呼万岁,听旨传宣

  金龙殿以北为书房,其正中上悬"博学知明"横匾,大书案上文房四宝一应俱全,一张雕刻精细的龙椅尽显皇家气派。书房西边一间设有多宝阁,内置金银陶瓷等古玩宝器。当年,太平军每占一地,都要收集宝器送至天京,天王府的藏珍阁专门收藏从各地搜掠来的文物古董。天王府有内宫多处,是天王及其后妃居住就寝的地方。

  西院南房陈列天王府模型。1853年太平天国定都南京,洪秀全派人拆掉明故宫,下令将那些巨柱和石料运到这里构建天朝宫殿。营造天王府这项工程是由"素性机巧"的两名广西工匠宾福寿、张维昆共同担纲,规划督造的,同时从苏、皖、鄂一带招募大批"匠作兄弟"日夜赶工而成。天朝宫殿呈南北"周围十余里"的矩形,四面数丈高的宫墙蜿蜒环绕,分内外两重,"外曰太阳城,内曰金龙城",宫墙之外开凿一道深宽二丈的"御沟"(护城壕)。天朝宫殿的规模可与北京紫禁城相媲美,大致范围东沿黄家塘至利济巷,西临碑亭巷一线,北到杨吴城壕(今珍珠河),南抵科巷一带。

1864年法国画刊上刊载的铜版画，绘制洪秀全及其贴身随从在天京的形象

太平天国尊崇拜上帝教，上至天王，下到百姓，都要举行礼拜活动，颂赞上帝恩德

复原后的天王金龙殿规模虽小许多，但每天游人如织

天王府南部有一巨大广场，最南端屹立着一列宽逾九十丈的黄色大照壁，上绘龙虎狮象图案，中央建有数丈高的一座"天父台"，广场北尽头处"五龙桥"横卧于御沟之上。天王府外城的头道大门为"真神荣光门"，又名"天朝门""皇太门"，门前刀戟林立，侍卫森严。外城二道门是"真神圣天门"，因是通往天王府内城的头道门，所以也叫"禁门"。门旁置两面大鼓和两座黄绿琉璃瓦覆顶的吹鼓亭，每日鼓声不断。踏进圣天门，再穿过修长的御道和"忠义"牌坊，就到了天朝宫殿的核心所在——"金龙殿"，位置在今总统府大堂处。其后依次是基督殿、真神殿等九进殿宇，第九进殿宇为三层，"顶层绕以阑，阑内置长窗，屋上覆黄瓦，四角悬檐铃，登眺可及数十里"。洪秀全曾说天朝"自有九重天庭"，即指此番殿宇衔叠、深重莫测的布局。据史料记载，这座宫殿"雕镂工丽，饰以黄金，绘以五彩。庭柱用朱漆蟠龙，鸱吻用鎏金，门窗用绸缎裱糊，墙壁用泥金彩画，取大理石铺地"。

天朝宫殿最后一部分是"后林苑"，它与内城的东花园、西花园一起构成了天王府的游乐区。这里奇花异草，台榭亭阁，既有"塘方十数亩"的水池，又有曲径通幽的园囿；有临风揽翠的石舫，更有"金鱼活泼，荇藻纵横"的玻璃室以及天王消夏处……苑内还畜养着虎、豹、孔雀、仙鹤之类珍禽异兽。

天王府既成，洪秀全开始贪图享乐，不思进取，把自己封闭在金碧辉煌的宫殿中，整日沉湎于美色，长年足不出户。

洪秀全（1814—1864），太平天国天王，1851年1月11日率上帝教教众起义，引发太平天国农民运动

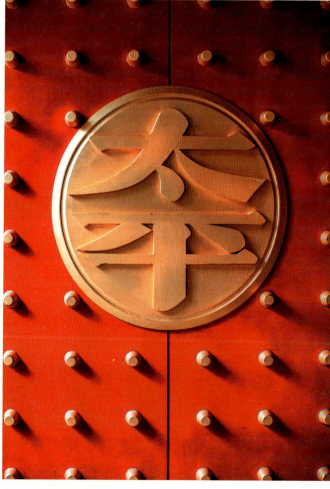

洪秀全与天朝宫殿历史文物序厅陈列

洪秀全自从道光二十三年（1843年）创立拜上帝会起，就以"天下多男子，全是兄弟之辈；天下多女子，尽是姊妹之群"的平等思想作号召，鼓动农村贫困妇女参加。起义初期，太平军里有全由妇女组成的女军，和男军一起上前线奋勇作战，一直打到武汉，还是男女同职同官。可过不多久，洪秀全认为半壁江山到手，大局已定，要关门当太平天子，纵情淫乐。攻克南京前17天，他在芜湖"龙舟"上突然颁发一道诏令，严分男女界限："女理内事，外事非宜所闻"，还用四个"斩不赦"限制身边妇女与外界联系。攻克南京以后，跟随天王的妇女就被禁锢在天王府内，与世隔绝了。

洪秀全迷恋后妃成群的奢靡生活。他创立拜上帝会时，自称在天上有一房"正月宫娘娘"，遂将其妻子封为"又正月宫"。金田起义时他已拥有美妃十五人，一年后在广西永安围城战中又选了三十六个女人，挺进至湖南道州，又接纳何贡生"进献"美女四人，破武昌后在民间大肆选妃，共选"有殊色者六十人"。太平天国失败以后，《江南春梦笔记》曾载王后娘娘下辖爱娘、嬉娘、妙女、姣女等十六个名位共二百零八人；二十四个王妃名下辖姹女、元女等七个名位共九百六十人。天王府不设太监，所以另外还有许多服役的女官。以二品掌率六十人各辖女司二十人计算，合计为一千二百人。各项人数加起来，总计有两千三百多名妇女在天王府陪侍洪秀全。

侍卫府胡衙界碑。1976年7月在天朝宫殿西花园内假山中被发现，用深赭色花岗石制成，正面刻"侍卫府""胡衙界石"楷字，碑后无字

英国呤唎著《太平天国亲历记》中所绘的洪秀全像

"幼天王"洪天贵福1864年10月25日在江西石城荒山被俘，写了一份供词："现年十六岁，老天王是我父亲，有八十八个母后，我是第二个赖氏所生。在我九岁时就给了我四个妻子……"洪秀全从四十一岁进南京到五十二岁亡故，在美女如云的天王府过了十一年，从未迈出天京城门一步，其间仅颁发过二十五篇诏书。从咸丰七年（1857年）太平天国刊印颁行的《天父诗》看，所收五百首诗文大都是记录其入京初期三年中的宫廷生活或是宣讲男权夫权的。

纶音语出《礼记·缁衣》中"王言如丝，其出如纶"，意为帝王极其细微的一句话却反响极大。传为天王洪秀全所立"御碑"上的遗物

《天朝田亩制度》是太平天国定都天京后颁布的纲领性文献，图为该刻本封面

当年洪秀全天朝宫殿及后宫抱鼓石遗物，依稀可见极其精美之雕刻工艺

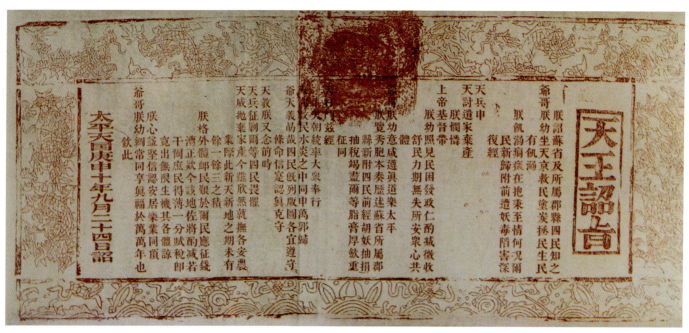

天王诏书

1856年天京内讧事变后，洪秀全依然在天王府中安享尊荣，纵情声色。1861年太平军进取苏、浙时，又从李秀成选送到天京的三千美女中挑出一百八十人收归天王府。不到五十岁的天王洪秀全终于颁发最后一道"朕命幼主写诏书"的诏旨，把权力交给儿子，自己当起太上皇来。他甚至扬言"朕睡紧都做得王，坐得江山"，骄奢淫逸，不思进取，最终导致天朝分崩离析。此正所谓"尊天父，开天国，是非功罪千秋鉴；自金田，到金陵，成败兴亡一警钟"。

龙形砖雕

太平天国镇库钱钱币上宋体字独有的写法：天上一横超长，寓意上天为大；国中一律从王；太字一点硕大，强调天下太平

太平天国起义百年纪念碑，由郭沫若题写的碑名即秉承太平天国文字特点。该碑原立于总统府大门外正南照壁前，2006年12月迁移到总统府马厩附近

天国金库寻踪 ——天王府窖金疑云

洪秀全建天朝宫殿时倾"全国"所有，掠各地宝物于宫中，其他许多王府也尽藏其金。加之太平天国在南京苦心经营十载，所以世上一直盛传"洪逆之富金银如海，百货充盈"，天王府内有大量窖藏金银财宝。

湘军进入天京后立即洗劫全城，因为当时太平军守城口号是"弗留半片烂布与妖享用"，于是他们更加怀疑有更多财宝被事先窖藏在地下，转而掘地三尺四处寻宝，曾国藩还发布过"凡发掘贼馆窖金者，报官充公，违者治罪"的命令。直到辛亥革命以后，还有军阀挖空心思要掘太平天国窖金发财。

曾氏兄弟对太平天国金库曾经深信不疑，破城之前还考虑到如何处理"贼赃"问题。曾国藩指示曾国荃："城破之日，查封贼库，所得财物，多则进奉户部，少则留充军饷，酌济难民。"上元（南京）人孙文川所著《淞沪随笔》称"城中四伪王府以及地窖，均已搜掘净尽"，而曾国藩在向同治帝奏报中断然否认天王府窖金之事，称除两方伪玉玺和一方金印外别无所获，"伪宫贼馆，一炬成灰，并无所谓赋库者，然克复老巢而全无货物，实出微臣意计之外，亦为从来罕见之事"。朝廷派人暗查南京城里金银财货的下落，自始至终也未查出任何名目，最后此事不了了之。

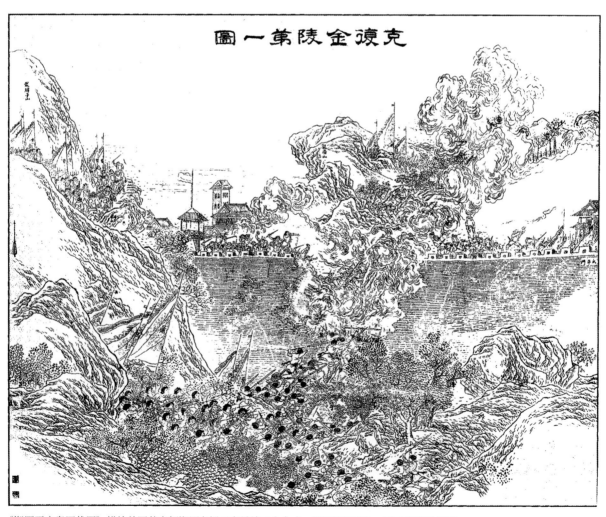

《湘军平定粤匪战图》描绘曾国荃率领湘军轰塌天京城墙二十余丈，继而蜂拥而入，天京陷落的场景

《官场现形记》的作者李伯元（宝嘉）所著《南亭笔记》（1919年上海大东书局石印出版）描述道：曾忠襄为文正公介弟，攻金陵既破，搜遗敌，入天王府，见殿上悬圆灯四，大于五石瓠，黑柱内撑如儿臂，而以红纱饰其外。某提督在旁诧曰："此元时宝物也！"盖以风磨铜鼓铸而成，后遂为忠襄所得……闻忠襄于此中获资数千万，盖无论何处皆窖藏所在也。除报效若干外，其余悉辇于家……忠襄既破南京，于天王府获东珠一挂，大如指顶，圆若弹丸，数之得百余颗，诚稀世之宝也。忠襄配以背云之类，改作朝珠，每出熠耀有光，夺人之目。忠襄病笃，忽发哮喘之症，医者谓宜用珠粉。仓卒间，乃脱其一，碎而进之，闻者咸称可惜。又获一翡翠西瓜，大于栲栳，裂一缝，黑斑如子，红质如瓤，朗润鲜明，殆无其匹。识者曰："此圆明园之物。"

率湘军历时二年半之久攻克南京的九帅曾国荃

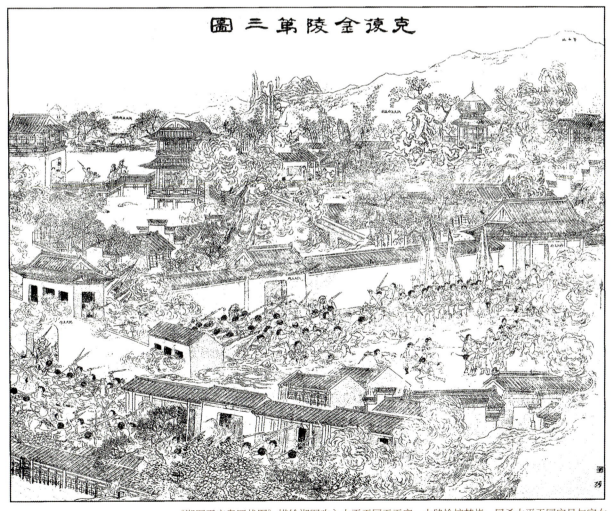

《湘军平定粤匪战图》描绘湘军攻入太平天国天王府，大肆抢掠焚烧，屠杀太平天国官员与宫女

另据其他记载，曾国荃自领军以来，"每克一名城，奏一凯歌，必请假回家一次，颇以求田问舍自晦。此次攻下天京，获赃尤巨"。1866年5月19日《上海新报》称，"宫保曾中堂之太夫人，于三月初由金陵回籍，护送船只约二百数十号。"同行人如此众多，有人怀疑此番回湘是护送窖金或其他重要物品，于是乎曾国荃私吞太平天国圣库之财的"老饕"绰号在坊间越传越广。

湘军入城后军纪败坏，杀人如麻，以致湘军统帅曾国荃发出告示，颁布条令禁止兵勇继续胡作非为

曾国藩撰写修治攻破天京的城墙缺口碑文

太平天国天朝宫殿石鼓

1944年11月，毛泽东写给郭沫若的信件手迹。信中总结了太平天国起义失败的原因：小胜即骄傲，大胜更骄傲，一次又一次吃亏，如何避免这种毛病，实在值得注意

其实天京事变后太平天国军事形势一落千丈，不满情绪也在天京城中渐渐蔓延，逃亡现象层出不穷。究其原因，除了天国大势江河日下外，更认为名为公有的"圣库"实乃"荡我家资，离我骨肉，财产为之一空"的大恶。太平天国后期，圣库更是名存实亡，"昔年虽有圣库之名，实系洪秀全之私藏，并非伪都之公帑"，亦即圣库已由"公帑"变成"私藏"，且由洪秀全嫡系掌管。镇守苏、浙、皖各地诸王与佐将纷纷效仿，在"一切杀妖取城所得金宝绸帛物等项"中，仅向"圣库"缴纳谷物牛羊等食物，而将银钱衣物等据为己有，于是这些地区的"圣库"也成了镇守诸王、佐将的私库。

忠王李秀成被俘后，曾国藩派幕僚讯问，其中有一条问："城中窖内金银能指出数处否？"李秀成答曰："国库无存艮银米""家内无存金艮银"，并供称他甚至拿出自家粮食救济难民，部队缺乏给养，只好又变卖家中女眷的首饰。1860年李秀成离京西征前，曾邀集合朝文武会议，劝大家"凡有金银，概行要多买米粮，切勿存留银两，买粮为首"。事实上，李秀成自己主持苏福省，除了向天京"圣库"解运银粮外，手中也掌握着大笔资财。1863年苏州告急，天王和朝臣迫他捐助饷银十万两，他一次便缴出了七万两饷银。

清廷绘制的湘军占领天京图

清平定太平天国战图

由此有部分史学家判断曾国荃"于此中获资数千万"可能系凭空想象之数，故《清史稿》称"国荃功高多谤"。有学者认为"《南亭笔记》暴露李伯元的历史知识极端贫乏"，更有人认定"其撰《南亭笔记》带有作小说的态度写作，失实太多"，将该书定为"史料失真的笔记的典型"。

《曾国荃全集》整理者梁小进曾指出，近百种晚清至民初笔记史料中，在李伯元之前均未发现有关曾国荃大量侵吞太平天国财物和金银之事的记载，《南亭笔记》系首家记录其私吞财宝的，但文中并未交代所闻依据。与之相佐证的还

金龙殿宝座两侧为太平天国山水壁画复制品，图系南京堂子街108号壁画原作——江山亭立图

太平天国金华侍王府壁画——夏季捕鱼图

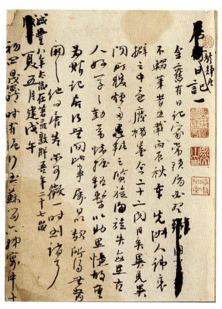
赵烈文所著《能静居日记》对清军攻占天京时烧杀掳掠暴行及李秀成被俘等事记叙颇详

曾国荃攻陷天京后，太平天国天王府遗物紫檀木座椅被湘军部将鲍超抢回四川奉节老家。1935年国民革命军第24师旅军官购买此座椅作为寿礼送给刘文辉，现珍藏于四川大邑刘氏庄园博物馆

有赵烈文所见。赵烈文是曾国藩事业高峰时期的核心幕宾，深受曾氏倚重，二人几乎无话不谈。赵烈文十年如一日地保持写日记的习惯，许多历史秘辛在其笔端得以留存下来。他被曾国藩派往金陵大营，作为攻陷天京前后的见证者，所著《能静居日记》史料可信度极高。日记中他毫无忌讳与隐瞒地记录湘军杀人情况："沿街死尸十之九皆老者。其幼孩未满二三岁者亦斫戮以为戏，匍匐道上。妇女四十岁以下者一人俱无，老者无不负伤，或十余刀，数十刀"，却始终找不到关于曾国荃私吞太平天国金库财物的记载，在日记却有几处为其说话。如同治六年六月十七日写道："涤帅邀至客座久谭，言及沅帅收城时事，帅云：'本地人尚知感激，非若各营官统领猎取无厌，岂非完全美事。'余云：'沅帅已实无所沾，但前后左右无一人对得住沅帅耳。'"同年七月二十日又云："沅帅坐左右之人累之耳！其实，子女玉帛，无所与也。"

曾国荃战后亦未现发财暴富之相，反而多次在家信中流露出诸多窘况："弟向未留剩活钱而用度日繁，亦渐有涸竭之意。""住乡应酬亦大，明春有权住省城之意，借以省款客酒饭轿钱。"光绪元年（1875年）七月十七日他写信告诉曾纪泽："余用度撙节，大约今年可剩万五千两完账。借账完账，以无利之账清有利之账，以可久欠之账完宜亟完之账。"巨大的家庭财政"赤字"需要"借账完账"，从曾国荃倔强勇为、喜利好功的一贯做派来看，此绝非故作姿态、掩人耳目之举，也完全不像因"暴敛横财"而"获资数千万"者所为。

或许状况的确如此，太平天国后期以洪秀全为首的太平军诸王享乐奢靡，早已坐吃山空，府库殆尽；加之天京城内军民日用消耗、武器粮饷、雇佣工资等费资巨大，在被清军围困多年的形势下已是捉襟见肘，日薄西山。

对于曾国荃是否私吞窖金，至今仍众说纷纭。据《金陵兵事汇略》称是太平军纵火焚烧了天王府："伪忠王传令群贼将天王府及各伪王府同时举火，伪宫殿火药冲霄……街巷要道，贼均延烧，塞断官兵"，但更多史料称是湘军为掩盖掠夺真相，一把大火数夜不熄，将恢宏雄伟的天朝宫殿化为灰烬。何绍基后来有诗云：十年壮丽天王府，化作荒庄野鸽飞。

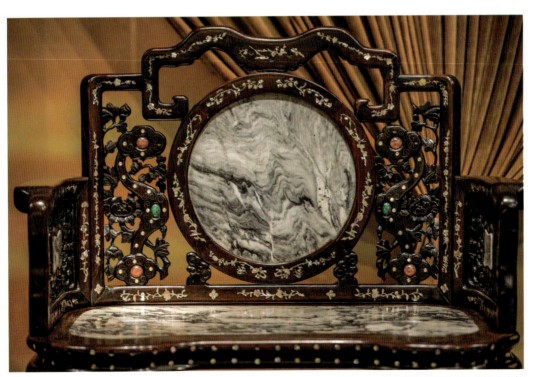

太平天国天王府遗物紫檀木座椅

金龙殿复原藻井、洪秀全天王帽额与太平天国时期高级官员穿着的绣龙马褂

天王府石刻遗存

清末军机处要案 ——洪秀全金玺失窃之谜

天王洪秀全青铜半身塑像

1864年7月，清军攻破天京，占领俗称天王府的天朝宫殿。激烈巷战中，清军从突围的太平军手中掠获天朝镇宫之宝——一枚天王金玺与两枚玉玺，马上送至湘军统帅曾国藩手中。该金玺八寸见方，用一百多两黄金铸造，印面刻有"太平天王大道君王全"九个宋体阳文，左刻"斩邪留正"，右刻"奉天诛妖"，雕刻精美，金光熠熠，可谓价值连城。曾国藩不敢怠慢，迅速派得力人员将金玉玺送往北京，向两宫皇太后与同治皇帝报功请赏。

印玺送达后，清政府将印玺放置在紫禁城最为机密森严的军机处。一年过后，金玺却不翼而飞，难道是太平军余部或捻军侠客深夜入宫盗宝，还是军机处出了奸细？一时间朝野震动，慈禧太后闻后更是勃然大怒，严令军机大臣、恭亲王奕䜣查办，在京城内设卡盘查。两个多月过去了，金玺仍如石沉大海。奕䜣如坐针毡，束手无策，听谋士献计说盗金玺者日久必然销赃，遂派人对京城内外金银店铺进行暗查，果然打听到东四牌楼一家首饰铺曾见过一方金印的消息。金玺失窃之谜很快便水落石出。

原来，盗窃金玺者乃军机处刑部郎中兼章京萨隆阿。他供认因平时挥霍无度，债台高筑，便乘人不备将存放于军机处的金玺夹带出宫，送到首饰铺熔为金条十根，每根约重十一两，除追回藏匿在家中炉坑的八根金条外，其余已被他还债或挥霍一空。萨隆阿很快被革职处死。

太平天国天王洪秀全玉玺

洪秀全批答奏章及印书特制的"旨准"玺拓本

天王玉玺玺文：太平玉玺。天父上帝，恩和辑睦；天王洪日，天兄基督，救世幼主，主王舆笃；八位万岁，真王贵福，永定乾坤，永锡天禄

南湖缠枝牡丹影壁

东苑清幽处 ——马厩、南湖

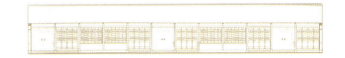

　　东花园最南端是马厩。马厩原来共有十排，现在只保留六排，最北面一排房屋被复原成当年的马厩。古时候，马是打仗和出行不可缺少的工具。清两江总督署时期，大小官吏出行前，先要来到马厩登记，然后按官职高低领走坐骑，用完后把马交回，销去记录。据史料记载，孙中山就任中华民国临时大总统时也在这里备马出行，当时他专用乘马的编号为7号。后来汽车逐渐取代马匹，国民政府时期这里先后改为交通队、军乐队、清洁队和警卫队的宿舍。

　　南面四排建筑现辟为"晚清与民国"展览，主要从政治、军事、教育、文化、经济、社会等方面向人们介绍近代中国概貌。展区南部有一后来人工开挖的小湖，名曰"南湖"，绕过湖西照壁，便又回到总统府大门，向西北游览就是总统府的西线景区——煦园了。

马厩内景

半面亭,暗藏幕后三分俏,初露人前半面妆

南湖雪霁

南湖畔的东花园厢房,现辟为晚清民国图片展厅

总统府乐队休息室

总统府乐队宿舍

雪意煦园。在航拍镜头中,尊甲忘飞阁、方胜亭、桐音馆、花厅等古建历历在目

西线景区

煦园　六角亭与假山群

『枫桥夜泊』诗碑　桐音馆　棕榈亭

『印心石屋』碑　花厅

方胜亭　『寿』字石

不系舟　望亭　夕佳楼

忘飞阁　三段碑　御碑亭

孙中山临时大总统办公室

孙中山与南京临时政府史料展

漪澜阁　关帝庙　孙中山起居室

博爱湖　总统府图书馆

国民政府主计处

『总统府』文化服务区（南京1912）

江南名园 ——煦园

位于总统府西部的煦园占地2.2万平方米，因位于天王府西侧，又名西花园、西园。煦园始建于明初，洪武元年（1368年），明太祖朱元璋招抚劲敌陈友谅旧部，在此为陈友谅之子陈理建造了汉王府。其后，明成祖封其次子朱高煦为汉王，辟原汉王府东半部为"新汉王府"，此园为府邸西园。清朝辟为两江总督署花园，太平天国时扩建，清军破天京时大部被毁，同治九年（1870年）重建。由于采用遮景、障景等造园手法，园林参观线路曲折宛转，颇有小中见大的情趣。从康熙帝、乾隆帝、两江总督、天王洪秀全到孙中山大总统都对煦园钟爱有加，驻足于此，留下许多历史故事。

乾隆像

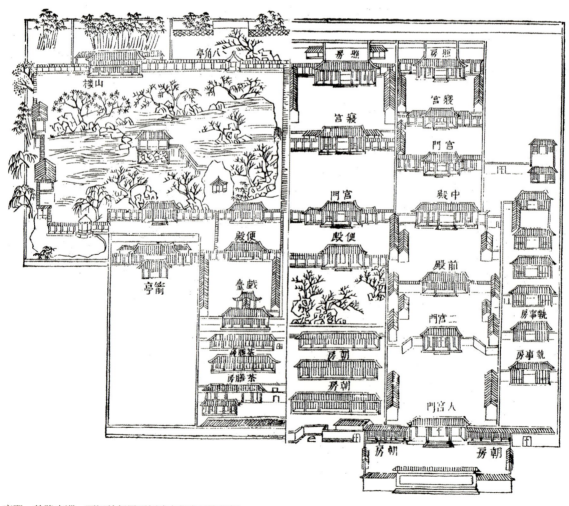

康熙、乾隆南巡，两江总督署西侧建有行宫以迎圣驾

西线景区

1912年2月13日孙中山提出辞呈，3月10日袁世凯在北京宣誓就职临时大总统。此时孙中山在南京尚未解任，形成了南北两个临时大总统的局面。图为孙中山带领官员走出煦园暖阁

1929年1月25日，国军编遣委员会闭幕，会议代表李宗仁、戴季陶、冯玉祥、胡汉民、蒋介石、阎锡山、李济深、孙科、何应钦、朱培德、宋子文等在煦园暖阁门前留影

煦园夜魅。园林圆洞门前叠石形似鲤鱼，常被导游称为"鲤鱼跳龙门"一景

静谧夜色太平湖,坐看古园灯影,云卷云舒

进入园内是一三角形小院落，白墙上开有园门，上书"煦园"二字，园名取"春风和煦"之意。有人认为"煦园"一名来自汉王朱高煦名中"煦"字，实为讹传。朱高煦被封为汉王后，自恃战功卓著，一直留居南京，不肯就藩云南，并多次谋取太子之位，纵使私兵劫掠，僭用乘舆器物。永乐十五年（1417年）被强令就藩乐安州，仍不悔改。宣德元年（1426年），明宣宗继位，朱高煦起兵谋反，被废为庶人，囚禁在西安门内终被杀。依理是决不会以一个因叛被杀的庶人之名来为煦园冠名的。

园门白墙墙脊呈波浪形，故称"云墙"或"龙墙"，富于变化的墙形线条颇具装饰效果，加之墙上几何图案漏窗若隐若现，颇有江南园林的诗画意境。

走进煦园，隔着假山向西，可见一泓碧水，是开暗渠引园墙外清溪河水入池而成，水面不大却谓之湖，为煦园平添了几许灵动之气。水池平面似一长颈花瓶，"瓶"谐音"平"，故池名"太平湖"，寓意清风徐来，水波不兴，天下太平。水体呈南北走向，东有忘飞阁水榭，西有夕佳楼隔湖相望，南有石舫，北有漪澜阁遥相呼应，花间隐榭，水际安亭，景致自然和谐。沿湖岸边，垂柳依依，花木扶疏，更增添了几分秀丽雅静的风致。

一座园林是否历史悠久，要素之一便是看其植被树龄有多久远，历经天王府那场大火浩劫，西花园里几棵老树真可谓"劫后余生"。东北部始栽于清初的两棵女贞树已历300多个春秋，太平湖畔有株银杏树龄将近200年，至今枝繁叶茂，冠如巨伞。

白雪却嫌春色晚，故穿庭树作飞花

西线景区

煦园大门上的纶音石碑

煦园内唯一的木本绣球树，系总统府网红树

夏夜太平湖

煦园春雪

西线景区

几回花下坐吹箫，银汉红墙入望遥

深秋银杏披金羽，不惧霜寒暖意浓

请跟随镜头赏春花、临夏池、观秋枫、会冬雪,看一座江南园林的唯美四季,遇见最好的你……

雪色寒禽

园内太湖石

西线景区

古井

古银杏

煦园龙墙

雪花飘零之煦园秋雪

门额砖雕"煦园"二字传为礼部侍郎英和嘉庆年间手书

煦园门前抱鼓石,根据 1938 与 1946 年老照片显示,该抱鼓石原位于中轴线玻璃穿廊前大门两侧

窗外古银杏

西线景区

秋韵夕佳楼

咫尺之间千万寻 ——六角亭与假山群

步入煦园月洞门，开门见山，但见一座约350多平米见方的假山将园内景致遮挡起来，也平添了一份情趣。其东南端高处有亭翼然，名曰"六角亭"，是太平天国时期英国人富瑞茨在大院朝房所见"美丽的亭子"之所在，可登高眺望园内外景致。

所谓"仁者乐山"，就是说人要有山的宽厚、稳重与胸襟。大自然中有千姿百态的山，江南园林则以假山模拟自然之山，多以太湖石叠砌而成。太湖石为我国古代著名四大玩石之一，因产于太湖而得名，特指产于环绕太湖的苏州洞庭西山、宜兴一带的石灰岩。作为传统供石，太湖石以造型取胜，"瘦、皱、漏、透"是其主要审美特征，多玲珑剔透、重峦叠嶂之姿。白居易曾有诗云：烟翠三秋色，波涛万古痕。削成青玉片，截断碧云根。风气通岩穴，苔文护洞门。三峰具体小，应是华山孙。

西花园内假山群除此之外还有三处。

第一处位于煦园西南角，原有东、西两边呈"人"字形石阶可上望亭，下有石洞亦可绕行，后改造为单边上下。

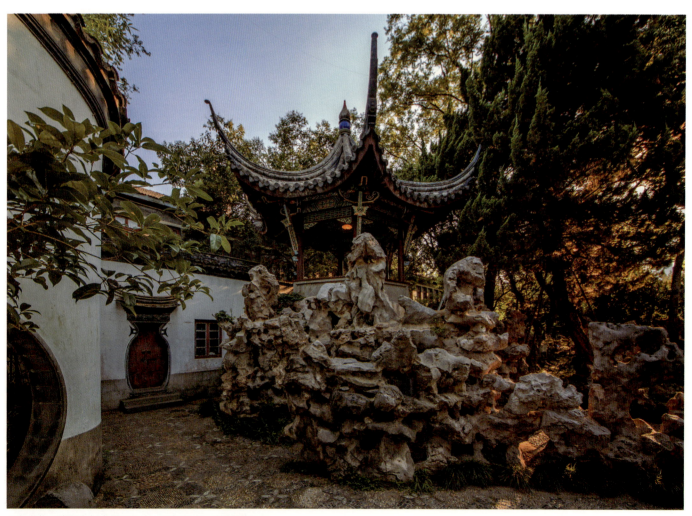

六角亭位于煦园主门内假石山上，开门见山，有亭翼然

第二处假山群为中空山堆式，位于夕佳楼北侧。它占地不大，高约 3 米，其下有约三四平米的石洞，西侧有阶梯可拾级而上，登至山巅观赏太平湖周边景色，忘飞阁、棕榈亭、不系舟、漪澜阁、夕佳楼尽入眼帘。

第三处假山群位于花厅与桐音馆之间，东西各有一出入口，四周湖石堆叠，玲珑剔透，"一丘藏曲折，缓步百跻攀"。高处有石梁栈道，低处有幽径回旋，步行其中，颇有峰回路转之意境，堪称总统府假石山佳作。假山群南石壁上镶嵌道光帝赐两江总督陶澍的"印心石屋"碑。

煦园假山垒于何时已无从查考，有许多珍贵文物混杂于假山之中而得以保存，"纶音碑""胡侍卫衙界碑"等文物均是在假山中发现的。

1912 年 4 月，黄兴与留守府官员在煦园假山留影，其身后为六角亭

六角亭之精美瓦当

登六角亭极目四望，煦园景色怡人

花厅与桐音馆之间的假石山群

夕佳楼北侧的假石山群

煦园入口处的六角亭是全园制高点

月色如倾，诗心永在 ——"枫桥夜泊"诗碑

西花园东部长廊沿墙而建，蜿蜒曲折。漫步廊中，春观海棠夏看蕉，秋闻桂香冬赏梅，感觉十分惬意。

游廊最南端有一碑亭，亭内所置汉白玉诗碑，系清光绪三十二年（1906年）学者俞樾书唐人张继《枫桥夜泊》诗："月落乌啼霜满天，江枫渔火对愁眠。姑苏城外寒山寺，夜半钟声到客船。"碑侧为清江苏巡抚陈夔龙题跋，共计5行，对诗中"枫桥"与"封桥"、"渔火"与"渔父"、"江枫"与"江村"加以考证，并述及他见姑苏寒山寺原碑残破，委托俞樾重新书写之经过。诗碑背面刻有俞樾的行书附记，共8行135字，盛赞唐诗《枫桥夜泊》之脍炙人口。诗碑仍立于苏州寒山寺内，1939年3月伪维新政府以汉白玉仿照复制后立于此处，碑高约2米，宽68厘米，厚32厘米。亭柱有楹联曰：月色如倾，涵蕴墨痕书不朽；诗心永在，飞扬文采石能言。

枫桥夜泊碑亭

枫桥夜泊碑

雨打梧桐听琴音 ——桐音馆

　　桐音馆是煦园的中心建筑，馆名由当代著名草圣林散之题写。"桐音"的典故出自《后汉书·蔡邕传》，东汉音乐家蔡邕在江南时，一次经过厨房，听到火烧木头发出清脆的爆裂声，意识到这是块上好木料，就赶紧让人把它从火中取出，并请人制作了一张琴，琴音果然美妙悦耳，无与伦比。因琴尾有焦糊的颜色，蔡邕为琴起名"焦尾琴"。桐音即为琴音，琴音蕴含知音之意。另馆四周种植数株高大梧桐，梧桐乃传说中凤凰栖息之树，又因雨水滴落在梧桐叶上宛如悠扬琴声而得名。馆内陈放了十一件晚清时期的桌椅、条案，整套家具为古木虬根拼装制作，尤显古朴端庄，霸气十足。

　　曾任两江总督的曾国藩一日黄昏在园中散步，闻有悠扬乐声传出，原来是"澄弟、纪泽吹笛及各乐器"，遂口诵唐诗一句："桐花万里丹山路，雏凤清于老凤声"。曾国藩平素酷爱围棋，署内桐音馆等处是他与友人经常对弈的场所。他晚年每日必与人对弈两局，直至临终前一天，几无间断。现今馆内陈列有一组三人对弈蜡像，成为观众了解历史的又一亮点。1912年这里是孙中山会见宾客场所，1930至1940年代为国民政府军事委员会第二厅、总统府军务局局长办公室。

桐音白雪曲，期遇知音人

西线景区

桐音馆之花窗

桐音馆内景陈设

桐音馆曾国藩对弈蜡像

返璞归真 ——棕榈亭

　　桐音馆西北角有一棕榈亭，皆以原木架构，棕榈叶为顶，古朴天然，颇多意趣。亭中放置一块扁平的巨型太湖石，石中有个圆形大洞，仿佛嵌入一枚古镜，故称"一鉴石"。《新唐书》记载，大臣魏征敢于当面进谏，好多次搞得唐太宗下不了台，太宗气得想杀他，但觉得他说得很对，便又依从了他。魏征死后，唐太宗感慨地说："夫以铜为鉴可正衣冠，以史为鉴可知兴替，以人为鉴可明得失。朕尝保此三鉴，以防己过。今魏征逝，一鉴亡矣。"太平天国时期，洪秀全在此修两层棕榈亭，以解思乡之情，亭顶以广西棕榈丝铺盖而成，形似叠架的斗笠，为岭南风物。曾国藩重修督署时，将双层顶盖削去一层，以泄其心头之恨，遂成如今样式。

棕榈亭

君臣知遇，墨宝永存——"印心石屋"碑

"印心石屋"碑位于煦园桐音馆后一大片假山中。碑的四周有游龙、寿纹等图案，碑正中从右至左四个大字"印心石屋"，碑上还有几方印章，分别是"清虚静泰""慎德堂御书宝""道光之宝"。"印心石屋"为道光皇帝御笔所题，"道光乙未"即道光十五年（1835年）。这块碑的来历与曾经出任两江总督的清代名臣陶澍有关。

陶澍，湖南安化人，出身贫苦，但天资聪慧，从小被父亲送到当地的私塾水月庵读书。从陶家湾沿资江向东走约三华里，江水中有一块大石，凸出江面约两丈许，长宽亦各约两丈，方正若印，人称"印心石"。陶澍很喜欢躺在石上看书，就将水月庵书斋取名为"印心石屋"。他25岁就中了进士，28岁授翰林编修，此后官运亨通，不断获得提拔。道光十年，陶澍到南京出任两江总督，次年又打破清代惯例，兼两淮盐政，9月因整理盐务和镇压土匪有功，被道光帝誉为"干国良臣"。陶澍在道光帝支持下，对江南盐务、治河、漕运、币制、赈灾、海防等进行了一系列改革，成效显著。

煦园"印心石屋"碑，前款为"道光乙未秋日"六字，后款"御笔"二字

1835 年冬，55 岁陶澍因政绩卓著入京觐见皇帝。道光帝单独召见陶澍达 14 次之多，君臣二人数度畅谈至掌灯时分或宫门关闭。当被问及家乡时，陶澍提到资江"印心石"和自己早年在"印心石屋"寒窗苦读的旧事。道光帝兴趣颇浓，前后书写了两幅"印心石屋"匾额，嘉奖其刻苦治学的精神。陶澍以此御书为一生最大荣耀，次年回安化省亲时，命人在自己曾经任职的地方以及途经一些山水名胜处勒石摹刻，借以感念皇恩浩荡。

总统府这块"印心石屋"碑，原放置于陶澍创建的龙蟠里惜阴书院，后搬到总统府煦园桐音馆后面的假石山中。

印心石屋碑上道光皇帝印章"清虚静泰"

印心石屋碑上"道光之宝"印章

南京总统府煦园与湖南安化小淹资江南崖壁、扬州大明寺平远楼、武汉龟山古琴台、湖南长沙岳麓山"印心石屋"碑

西线景区

名臣归宿 ——花厅

"印心石屋"碑后侧的建筑是总督署花厅。

花厅在陶澍任两江总督时名为"潇湘馆",多面轩窗,开敞通亮,是过去两江总督与幕僚诗文会友处。同治十一年二月初四日(1872年3月12日)午后,61岁抱恙已久的曾国藩来到刚刚修缮一新的督署煦园散步,儿子曾纪泽陪侍身旁,突然他连呼足麻,忙由其子扶掖着回到花厅,在此端坐三刻,悄然而逝。此时"金陵微雨,天色阴惨……有红光圆如镜面,出天西南隅,良久渐微"。也许是天意使然,一样的天象,一样的归宿。忘飞阁旁、太平湖畔,曾经叱咤风云的一代名臣,竟溘然长逝在距与之厮杀多年的生死冤家洪秀全金龙殿葬身处不足百米之地。回顾历史,这样殊途同归的巧合总是让人心生感叹,唏嘘不已。朝廷闻讯,辍朝三日,追赠太傅,谥文正,祀京师昭忠、贤良祠。

左宗棠在曾国藩去世后,写了一幅著名挽联,淋漓尽致地抒发他对曾国藩的敬重景仰之情:

谋国之忠,知人之明,自愧不如元辅;

同心如金,攻错如石,相期无负平生。

花厅后部原为戏台,经改建,民国时期孙中山常在此会见宾客,后成为国民政府军委会和总统府军务局办公处。

曾三次担任两江总督之职的曾国藩

清末铭香斋出品的年画《曾国藩庆贺太平宴》,描绘曾国藩等在平定太平天国战役时庆功场景。正中榻上坐着李鸿章(左)和曾国藩(右),前排就坐者从左至右依次为鲍超、骆秉章、左宗棠、彭玉麟、李续宾、曾国荃

曾国藩对后世产生巨大影响，毛泽东、蒋介石都对曾国藩推崇备至

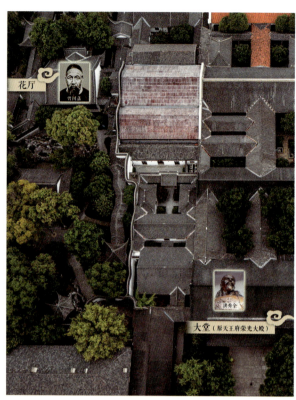
从空中俯瞰天王府金龙殿原址与花厅近在咫尺，洪秀全与曾国藩在这里各自走完了轰轰烈烈的一生

花厅

西线景区

花厅北侧原为戏台

花厅附属建筑石缘轩

花厅内部

203

永结同心，寿如磐石 ——方胜亭、"寿"字石

　　桐音馆西南面为方胜亭，建于清同治年间。古建结构称双攒尖套顶，远看双亭并列，侧看却是单亭屹立。这座亭子与煦园制高点上的六角亭不同，方胜结构，故名"方胜亭"，俗称鸳鸯亭、夫妻亭。亭顶和基座呈部分交叠的两个菱形，古称"方胜同心"。"胜"古意是妇女头上佩戴的一种首饰，方胜即方形彩胜，是连合两斜方以成形，表示夫妻同心，是一种吉祥图案。由此可见方胜亭是一座由两个菱形同心相叠组成的亭子，以"方胜"烘托出"永结同心，永不分离"的美好寓意。如此造型的亭子在国内古建中颇为少见，另一座方胜亭在北京天坛西北角，系 1977 年从中南海移建，说明牌上赫然写着该亭为国内古建仅存之孤例，殊不知在南京还有一座方胜亭与之遥相呼应。

方胜亭又名鸳鸯亭

西线景区

此亭造型别致，彩绘纹饰精湛绝伦。更因为有美好寓意，常有恩爱夫妻、青年情侣在亭畔留影，甜蜜的瞬间羡煞旁人。其东南角假石山群有一块太湖石，侧形极似观音，背对此亭，据说是见此场景亦含羞躲避。

方胜亭之彩绘

观音含羞石

空中垂直俯瞰方胜亭，双顶相扣，造型别致

鸳鸯亭旁有块巨型叠石，用一块块小太湖石堆砌而成。这种叠石称作象形假山，据说是由叠山高手作相士一边相，由工匠一边叠，叠出的假山形神兼备，气韵生动，因整体像繁体"寿"字，又称"寿"字石。总统府共有两块关于"寿"字的太湖石，另一块则是东花园南湖附近的寿龟石，宛如一只寿龟卧于道旁，惟妙惟肖。

寿字石是游人酷爱的留影处，人立石前，宛如寿字中间一点，据称在此留影者可以添寿，故为园内网红打卡圣地

总统府还有一块关于寿字的太湖石，名曰寿龟石，状同巨龟卧于东花园南湖边

登舟遨游，喜忧参半谕古今 ——不系舟

煦园有一方水面形似花瓶，名曰太平湖，底部在南，瓶口朝北，四壁用巨型条石砌成。花瓶是古代中国常见的吉祥物，因瓶者平也，取太平、平静、平安、和平之意。不系舟坐落于太平湖南，系清两江总督尹继善所建，乾隆二十二年（1757年）第二次下江南时为之赐题"不系舟"，是总统府内现存最古老也最知名的建筑。

步入煦园，闲看煦园楼台亭阁，小桥流水相映成趣，在南京这样高楼林立的喧嚣都市竟能看到如此安逸宁静的景致，不由人想起尹继善好友、直隶总督方观承赋诗赞不系舟的那句："虚舟著处本无心，千顷澄波挹素襟。"寄情于这无人驾驭之舟，虽在咫尺太平湖上，心中却盛满全天下的千顷澄波。

1898年西花园石舫旧照

1912年6月，江苏都督程德全与幕僚在西花园不系舟上留影

1911年江浙联军官兵在督署西花园石舫上留影

1930年代不系舟旧影

1913年，江苏都督程德全（右二）与国务总理熊希龄（右三）在石舫留影。岸边均有木质廊道通往石舫

1903年8月18日光绪诞辰，两江总督魏光焘在南京总督府宴请德、英、日等国领事

1951年不系舟旧照

西线景区

最爱那湖中唤作"不系舟"的石舫建筑，在众多介绍中国古典园林的书籍中留下她妩媚的倩影，一些老影集里也可觅其芳踪，其中一张泛黄相片上依稀可见几名顶戴花翎的清代一品官员立于船头，身形肥硕，神情闲适。

乾隆十一年（1746年），两江总督署内西花园池中修建起一座水上船形书斋，二度出任督职的尹继善撰《题不系舟》诗前小序称："金陵使院西偏，旧有室三楹，如半舫。丙寅春，余葺而新之，颜其额曰'不系舟'，盖取南华之义。"1751年，尹继善为迎接圣驾光临，特将江宁织造署迤西扩大为行宫，并把总督署西花园改为行宫花园，"窗楹栋宇，气势壮观"，正所谓"江南好，第一是行宫。辇路草长含晚碧，御衙花嫩发春红，驻跸记乾隆"。1755年石舫修葺一新以迎接乾隆帝再次巡游江南。舫，俗称旱船，一般分为三部分：头舱俗称纱帽厅，占全舫的二分之一；中舱一隔为二，旁设木窗，供人宴饮观赏；后为尾舱。此舫若江南花船，又称画舫、楼船，系东晋时将南方的船和北方的楼房相结合而建造的一种游船，全长14.50米，船头宽4.63米，尾宽4.56米，上为木结构卷棚式建筑，棚高2.77米。舟体分为前后两舱，船身由大青条石砌就，船尾有青石雕凿的巨型船舵，船形端庄沉稳，惟妙惟肖。

石舫漫天雪，睹物思故人

乾隆皇帝驾临金陵，置身于江南秀美园林中，当得知此舟取义庄子《南华经》中"巧者劳而智者忧，无所为者无所求，饱食而遨游，泛若不系之舟"文句时，龙颜大悦，即兴赋诗云："石难为舫尽人知，舫竟石为宛若斯。倚着匡石聊属句，欣于兹亦惧于兹"，吟罢又龙飞凤舞题写了"不系舟"三个大字。身为大清帝国天子，可谓普天之下，莫非王土；率土之滨，莫非王臣。当他安坐于石舫之上，揣摩庄子之言，感悟世间能干聪明之人往往辛勤劳顿，自寻烦恼，而知足常乐者却能心襟坦荡，无拘无束，酒足饭饱后弄一叶无缆绳束缚的扁舟，从流飘荡，任意东西，是所谓"扁舟一叶，浪迹天涯，人迹罕至，方为我家"。看来整日忙于案牍的一代帝王亦向往那种返璞归真、清净无为的自由生活。现在想来，那位造船的尹大人还真会揣摩皇上的心思呢。

回身步入船厅，只见木雕落地罩挂落圆洞门雕刻有缠枝卷叶花卉，图案精美，富丽堂皇。屋檐下一对木狮子倒挂两侧，二目圆睁，形态栩栩如生。狮子额头上的"王"字颇引人注目，倒看又像"天"字，这正是太平天国雕刻动物装饰中独有的纹饰特征。1853年，太平军攻占并定都南京，"不系舟"初次受到大规模破坏。后来，也许洪秀全是广东人的缘故，对石舫十分喜好，保留并修整了西花园内的石舫，作为日常休憩及召开重要会议之所在。1864年湘军那把大火仅烧毁"不系舟"上部木质结构，下部船身全由石头砌成，又独立于水中，故而保存完好。1949年以后，船舱上的木质结构均依照太平天国风格修建，所以一对彩雕木狮与前舱两扇木雕屏风中的"猴鹿"（谐音"侯禄"）、"凤凰"和"麒麟"，还有船头"牡丹""万年青"及彩绘砖雕等图案，无不显露出浓郁的太平天国特征。

不系舟镂花木雕圆门

船厅前厅正中原本悬挂的乾隆题匾，早已随岁月更迭不知去向，取而代之的是现代左笔书法家费新我手书牌匾。当客人端坐船厅之中，透过窗格环顾四周，颇有几许"四边水色茫无际，一叶扁舟泛其中"之感。

绕到船的尾部，是一约十平方米后厅，过去为茶童烹茶场所。游客至此仿佛还能嗅到当年乾隆品茗时的缕缕茶香，不禁想起欧阳修"纵情山水间，茶亦能醉人"的诗句。在煦园不系舟品茗，观赏园内四季美景，聆听古筝悠扬，体味一番昔日帝王惬意的龙隐生活，方能真正感受到"茗茶品韵峦山秀，半遮湘帘古筝悠。一壶香茗案前献，两杯仙露胸中留"那深邃高远的意境。

风雪不系舟

整个石舫基座由十余层大青石垒砌而成

俯瞰石舫为卷棚筒瓦顶，是煦园内唯一一座具有清代北方官衙风格的建筑

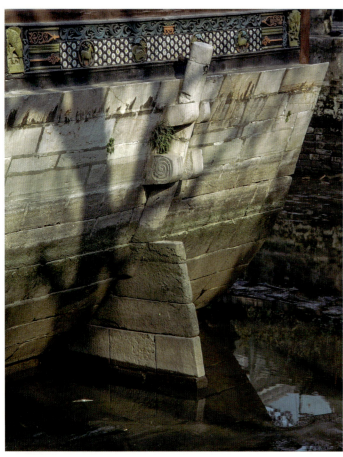

太平湖清淤后，水落石出，不系舟船尾石舵露出真容

不系舟船首砖雕

不系舟船头两侧石道相通，连接太平湖东西两岸

西线景区

不系舟麒麟木雕

不系舟船头砖雕

不系舟船尾处精美砖雕

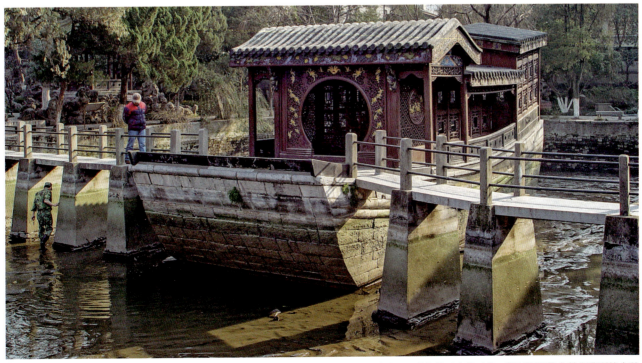
2006年1月太平湖清淤后，不系舟基石水落石出，得以窥见整个基座造型的全貌

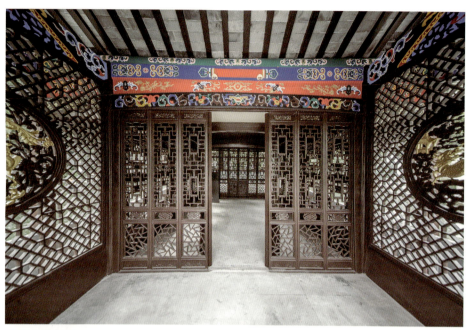

不系舟船舱内景

秀美旗袍为古老的不系舟增添神韵

西线景区

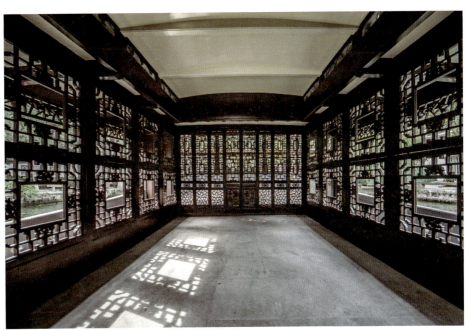

不系舟船舱内通透的轩窗

不系舟之夜

极目四望满庭春 ——望亭

　　望亭位于煦园西南角，方形砖石结构，二层歇山卷棚顶。它始建于清咸丰四年（1854年），为太平天国天朝宫殿中的望楼，登楼即可瞭望宫殿全貌。天京失陷时楼局部被毁，光绪年间重建为亭，高约10米，上层为四面敞开式凉亭，视野开阔，成为全园观景与摄影的绝佳地点。

　　亭底层为一方形屋，内嵌"资江印心石屋山水全图"及两江总督陶澍上道光帝的谢恩擢石碑，前者描绘的是陶澍湖南老家的山水景物，后者碑文书法端正秀丽，背面雕有双龙戏珠图案。碑刻原放置于陶澍创建的龙蟠里惜阴书院内，后来移至该处，故而望亭又称"印心石屋"碑亭。

沿假石山拾级而上，登亭四望，煦园美景尽收眼底

西线景区

不同角度看望亭

望亭底层圆门

望亭一楼石刻《资江印心石屋山水全图》

云气日夕佳，风光胜一筹 ——夕佳楼

　　煦园西边有座三面临水的小楼叫夕佳楼，重修于同治九年（1870年），双层重檐卷棚顶，气度非凡，是黄昏观赏"夕阳无限好"的绝佳处。夕佳楼得名有两个版本，其一取陶渊明《饮酒诗》：山气日夕佳，飞鸟相与还。其二为清乾隆二十二年（1757年）乾隆曾作《咏夕佳楼》：山气横窗水气浮，揣称名署夕佳楼。漫云津逮陶彭泽，还觉当前胜一筹。

　　夕佳楼楼内无梯，登楼须从外部拾阶而上，楼梯尽头有一五龙砖，颇具太平天国风格。当年登此小楼，可远眺金陵景色，尽览煦园亭台阁榭。建国后维修古建时曾对该楼木结构进行一系列改造，为便于临池观鱼，结合栏杆和长椅的形状，东面增加了一道临水曲栏，此造型因最早在吴王宫殿后花园使用，故名"吴王靠"。而古代仕女图常画一千金小姐身倚曲栏，纤纤玉手轻拂团扇，临池观鱼照影，所以民间又称之为"美人靠"。

1945年的夕佳楼与太平湖，后来在古建维修过程中增加了东面游廊与美人靠

1945年西花园假山旧影

西线景区

春意夕佳楼

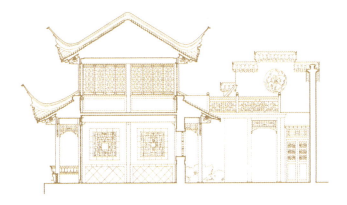

故园皆琼树，瑞雪满晴楼

夕佳楼异形花窗

楼檐下的木雕垂狮造型

二楼龙墙上的彩绘砖雕团龙

西线景区

从不系舟看夕佳楼

夕佳楼之夜

凭栏观鱼,尽享江南园林之美

亭台轩榭，楼阁廊坊，自古以来便是文人骚客寄情抒怀之所在，更是中国古典诗词中永恒的话题。"无言独上西楼，月如钩。寂寞梧桐深院锁清秋"，这是李后主在江山更替后抒发物是人非的亡国之痛；"千古江山，英雄无觅孙仲谋处。舞榭歌台，风流总被雨打风吹去"，是辛弃疾怀古抚今诉说壮志未酬的悲愤；"锦瑟华年谁与度？月台花榭，琐窗朱户，只有春知处"，曾经花好月圆就愈显帷房独守的落寞无奈；"俺曾见，金陵玉殿莺啼晓，秦淮水榭花开早，谁知道容易冰消！眼见他起高楼，眼见他宴宾客，眼见他楼塌了"，此乃孔尚任在《桃花扇》中借艺人之口放声悲歌，道尽世事沧桑……锦辞丽藻中，这重重亭台、层层楼阁幻化为历史的见证者，承载着人世间太多的悲欢离合，千情万意。

群鸟翔集，乐而忘归 ——忘飞阁

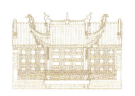

　　夕佳楼对面有座单层歇山顶之水榭，系中式园林建筑，重修于同治九年（1870年），平面呈"凸"字造型，正中一间延伸入湖，成为三面临水、四面轩窗的水榭，建筑外围有围墙回廊，院内栽桂花、芭蕉、修竹，假山点缀其间，颇为幽雅。相传此阁建成以后，因景色分外优美，园中大群飞鸟翔集至此栖落歇息，梳理羽翅，竟乐而忘飞，故得名"忘飞阁"。

　　两江总督端方别号陶斋，人称陶帅。每至荷花盛开之季，常邀宾客在此品茗赏荷，他曾手书楹联云：莲花出水而净，薜带与人为秋。水榭屋顶翘起的戗脊上有木雕，宛若一枝卷曲绽放的梅花，枝上有两只喜鹊，意为"喜鹊登梅"或"喜上眉梢"。20世纪30年代朱偰先生《金陵古迹名胜图集》收有同时代忘飞阁系列老照片，飞檐上并未发现梅枝飞禽木雕造型，应系后来古建维修时添加的产物。此阁民国期间曾是国民政府军委会和总统府军务局办公室。

忘飞阁雪霁

西线景区

屋脊葫芦造型

乐而忘飞的归鸟

忘飞阁飞檐梅花枝干造型

古建屋顶造型

西花园漪澜阁与水榭 1930 年代旧影

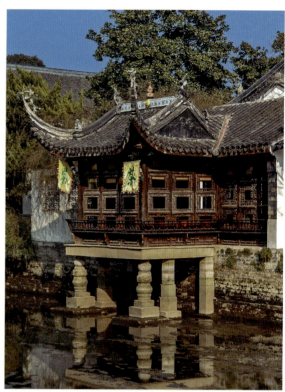

2006年1月太平湖清淤工程时的忘飞阁

忘飞阁内景，柱上为两江总督端方手书楹联

忘飞阁倚窗赏鱼，其乐无穷

中国古典园林摄影大赛获奖作品：《四季煦园》组照

西线景区

书法瑰宝 ——三段碑

　　三段碑全名"天发神谶碑",是东吴最后一位皇帝孙皓在天玺年间的记功碑,其来历充满传奇色彩。东吴天册元年(275年),有人从地下掘出一块刻有年月的白银,又有人在吴郡临平湖边寻得一石函,函中石上镌有"吴主作皇帝"五字。东吴后主孙皓据此改年号为"天玺",并立碑以记载四代吴主功德,此碑即"天发神谶碑"。据《健康实录》载:"大碣石长二丈,折为三段,此纪功之碑也……可辨者二百余字,漫灭者五十余字。"三国末年,蜀国灭亡,司马昭之子司马炎废魏主自立为晋武帝,开疆扩土,实力强盛。而东吴此时偏居江南,国力日趋羸弱,危如累卵。东吴末帝孙皓不思进取,生活奢靡,信赖奸臣,居然假借占卜巫术告谕天下,吴主继承帝位乃"上天帝言",天下将"永归大吴",意欲以此稳定民心,挽回颓势。其在位16年竟频繁更换八个年号,亦无助于挽回东吴灭亡的命运,公元280年东吴终被晋所灭。

　　原碑立于南京城南天禧寺,石刻圆幢形,六朝晋宋时已断为三段,北宋时移至筹思亭,明朝又迁江宁府学尊经阁,清嘉庆十年(1805年)在南京孔庙一次火灾中被毁。现此碑为宣统元年两江总督端方根据宋拓本复制精刻而成,因发现时就断成三截,所以又叫"三段碑"。总统府内的两块石碑分别宽180厘米、80厘米,一段碑文18行,另一块16行,而第三块至今下落不明。

　　此碑书法独树一帜,雄伟劲健,锋棱有威。笔锋如折古剑,如断玉簪,以古篆加隶书笔意,下笔多呈方棱,收笔多露尖锋,转折外方内圆,方圆并用;结构上紧下松,开而不散,字形规整刚劲,形象奇异瑰伟,是世所罕见的书法珍品。

三段碑

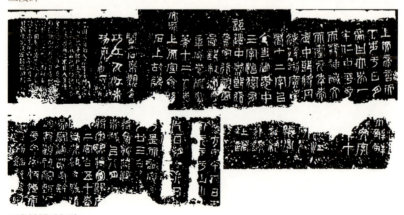

天发神谶碑拓片

乾隆御笔 ——御碑亭

御碑亭立于夕佳楼东龙墙下,内有两块乾隆赐给两江总督萨载、书麟的诗碑,碑高2米,宽0.85米,表现了乾隆皇帝对两位总督的倚重,也传达其爱民之心。两碑中一块已断,但字迹依然清晰。乾隆皇帝酷爱写诗,更喜欢到处题诗勒字,全国各地可见他的御笔。至今,民间还把到处刻划留名的行为戏称为"乾隆遗风"。

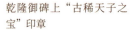

乾隆御碑上"古稀天子之宝"印章

御碑上乾隆"犹日孜孜"印章

御碑亭

乾隆御笔赐给两江总督萨载的碑文写道：

节度江南历多岁，练于吏治悉河工。

惟应益慎勤诸事，勿以己知懈一躬。

不患士文武莫弛，欲求民裕俭当崇。

久而敬者晏平仲，絜矩为师尔我同。

萨载，满洲正黄旗人，入仕后大都在两江地区为官，由于政绩突出，乾隆特赐御诗嘉奖勉励。他在江苏做官时却屡屡犯错，尤其是掌管苏州织造期间徇私舞弊，犯下欺君之罪，后被夺官回京。乾隆四十九年（1784年），又受下属郝硕收受属员银两案牵连，被罚养廉三年，计银5.4万两，并革职留任处分。萨载经此番折腾，足疾加重，于乾隆五十一年（1786年）一命呜呼。

乾隆五十二年（1787年），书麟继任两江总督伊始，乾隆手书"赐两江总督书麟之任作"予以勉励，御诗曰：

入觐刚逢六辔琴，遂随安福析津临。

歙徽灾务纾予念，廉谨家风望尔任。

渔舍蜗庐非异景，龙陵虎阜忆前吟。

谓卿此去推行好，寄我怀民一片心。

前世不忘后事之师。书麟接受前任失察受累的教训，因严查浙江盐运道贪污亏空案、敢于与当朝宠臣和珅抗争而赢得一片赞誉。

共和肇始之地 ——孙中山临时大总统办公室

这座西式建筑建于清宣统二年（1910年），原为清末两江总督署花厅，又称"西花厅"。1912年1月1日至4月1日，孙中山担任中华民国临时大总统期间在此办公。

1905年清末两江总督端方与载泽、徐世昌等五大臣到欧洲考察宪政，回国后就模仿欧洲文艺复兴时期建筑风格建造了这座平房。1908年3月18日，张謇应端方之邀至两江总督署，曾在日记中描述："宝华庵者，陶帅得世间最有名之

1912年元月临时大总统办公室旧影

孙中山临时大总统办公室

华山碑三本，聚于一室，故名，而屋则新建之欧式也。"陶帅即端方，宝华庵就是这座西洋式建筑，因其位于总督署西边，故又称"西花厅"。孙中山从1912年1月1日就职到4月1日离任，在此度过了极不平凡的92天。他夜以继日，日理万机，其历程可谓跌宕起伏，举步维艰。

中国民主革命先行者孙中山像

1912年1月，孙中山、黄兴与南京临时政府陆军部官员在办公室前合影

1912年3月，孙中山、黄兴、唐绍仪与官员在西花厅北门合影

1912年1月1日晚孙中山宣誓就任中华民国临时大总统。左图为孙中山任总统时与总统府职员合影。右图为"大总统誓词"

1912年3月,孙中山、唐绍仪在秘书处前留影

1912年3月25日,孙中山与北京政府南北和谈代表唐绍仪在南京临时大总统办公室前合影

1916年江苏督军冯国璋在西花厅北侧留影

瑞雪西花厅

西花厅共有五间房，分别是孙先生休息室、总统办公室、小会议室、衣帽间和总长会议室，均按当年原貌摆设。最大一间为总长会议室，临时政府在此陆续颁布30多条政策法令，将诸如剪辫子、改服饰、废缠足、禁刑讯、改称呼、废跪拜等文告下发全国各地，革除中国沿袭千年的种种陋习，社会影响极其深远。东墙上悬挂两面"五色旗"，取红、黄、蓝、白、黑五色，象征汉、满、蒙、回、藏五族共和。西墙上为画家陈坚创作的大型油画《孙中山与南京临时政府》，长5米，高2.2米，展现了1912年孙中山领导的中华民国临时政府凝聚各方力量，推翻帝制，创立共和的恢宏伟业。

铁血十八星旗是武昌起义胜利的标志。旗面为红色，象征铁血精神；十八颗星为十八个行省，以此代表全国

北洋政府时期使用的五色旗启用于1912年1月10日，是中华民国第一面法定国旗。旗面红、黄、蓝、白、黑的五色横条象征五族共和

青天白日旗由兴中会会员陆皓东设计，后被定为中国国民党党旗，1925年后国民政府将"青天白日满地红旗"作为中华民国国旗

2016年，孙中山诞辰150周年纪念邮票及原地纪念封首发仪式在孙中山临时大总统办公室前中山广场举行

临时大总统办公室门廊的欧式廊柱

中山广场上的孙中山青铜坐像

西线景区

西花厅金秋

孙中山办公室

会议室

西线景区

西花厅廊柱

西花厅金秋

陈坚油画《孙中山与南京临时政府》共有人物 29 名，从左至右依次为：吴玉章、冯自由、宫崎寅藏、马君武、宋耀如、于右任、魏宸组、王宠惠、陈其美、宋教仁、庄蕴宽、蔡元培、黄钟瑛、王鸿猷、孙中山、景耀月、黄兴、蒋作宾、胡汉民、林森、徐绍桢、居正、张謇、吕志伊、王正廷、陈陶遗、荷马李、程德全、伍廷芳

西花厅之夜

伟人风范永留存 ——孙中山与南京临时政府史料展

孙中山临时大总统办公室北面两幢 1200 多平方米的青砖二层建筑是原国民政府军事委员会参谋本部所在地。陈诚、顾祝同、白崇禧等国民党高级将领都曾出入于此。临时大总统府秘书处与孙中山临时大总统府办公室同在一条轴线上，前后呼应，形成了景区内孙中山与南京临时政府专题展区。

楼内展出的"孙中山与南京临时政府史料展"分为五个部分：南京光复，孙文就职；九部内阁，参院立法；清帝退位，临时约法；除旧鼎新，恤荣英烈；平民总统，世人景仰。展览通过珍贵的文献史料和场景再现等手法，着重介绍了孙中山及其领导的中华民国南京临时政府在此执政的短短 3 个多月里，实现推翻封建帝制、创立民主共和的壮举。

孙中山与南京临时政府展馆曾为国民政府军事委员会参谋本部办公地

1911年12月29日,十七省都督府代表联合会在南京召开,多数代表表决通过总统制,推举孙中山为临时大总统

1912年1月1日,中华民国临时政府在南京成立,并改用民国纪年。图为孙中山、胡汉民等人在上海车站准备乘坐专列前往南京就职

孙中山与南京临时政府史料展所立孙中山就任临时大总统场景硅胶塑像

1912年1月22日，孙中山发表声明，只要袁世凯赞成清帝退位，即让位于袁世凯。2月12日，隆裕太后发布《清帝逊位诏书》，两千年来的封建帝制宣告终结。图为2月15日，孙中山携南京临时政府官员谒祭明孝陵

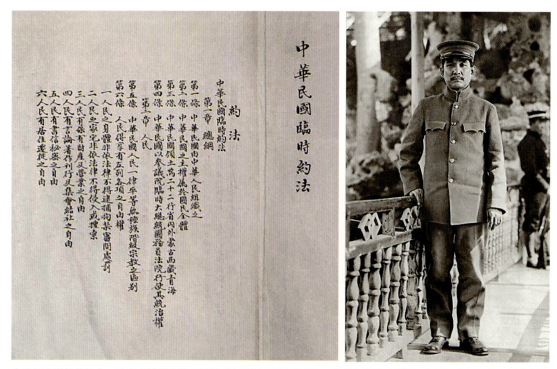

为限制袁世凯的权力，孙中山和革命党人制定《中华民国临时约法》，改总统制为内阁制，于1912年3月8日由临时参议院通过，11日公布实施。左图为《中华民国临时约法》原件，右图为孙中山在南京临时大总统府拍摄的戎装肖像

第一展厅里，孙中山、黄兴、胡汉民、于右任、居正、景耀月、宫崎寅藏、荷马李等一组民国人物硅胶像，生动再现了1912年1月1日晚11时，孙中山在清两江总督署大堂宣誓就任中华民国临时大总统的盛大场景。

第二展厅重点反映中华民国南京临时政府和临时参议院建立情况。孙中山就任临时大总统后即任命胡汉民为秘书处秘书长，与陆军部总长黄兴一起倚为左膀右臂。1月3日各省都督联合代表会通过孙中山提出的组阁名单，并举黎元洪为副总统。临时政府下设陆军部、海军部、外交部、内政部、财政部、司法部、交通部、教育部、实业部等9部，每部设总长、次长各1人。

中华民国临时参议院是集国家立法、审议、监察于一体的民意与立法机构，其主要职能是制定法律、议决重大事项、人事任免，依据《临时政府组织大纲》对政府及大总统进行监督与制衡。1912年1月28日，临时参议院在原江苏省咨议局成立，17个省共派代表38人。孙中山发表祝词称："参议院所议者，国家无穷之基，所创者，亘古未有之制。"经投票选举，福建人林森任议长，江苏人陈陶遗任副议长。

第三展厅通过珍贵的历史图片影像，浓缩了鸦片战争以来孙中山为代表的先驱们前赴后继的革命历程，而《中华民国临时约法》的颁布则在中国近代史上具有划时代伟大意义。它宣告全体国民人人平等，赋予国民人身、言论自由和财产安全，确立了国家民主政治的基本构架，对中国社会的未来与发展产生极其深远的影响。

第四展厅内一组"剪辫"雕塑最引人注目。南京临时政府通过一系列政策法令，将诸如留辫子、缠小足、刑讯逼供、吸食鸦片、官场称老爷、行跪拜礼等封建陋习弊政一律废除，政令所到之处，社会风气为之焕然。

南京临时政府大事记则简明扼要地介绍了1912年1月1日至4月3日，孙中山和他领导的南京临时政府为构建民主国家殚精竭虑，赴艰克难，所做出的杰出贡献。

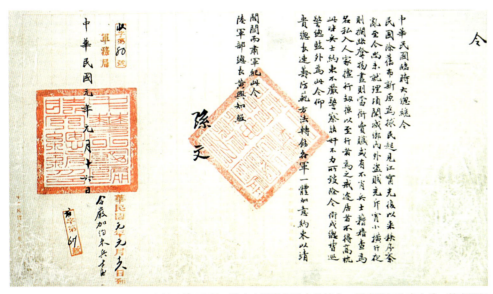
1912年6月12日，孙中山颁发临时大总统令，要求严加约束士兵，整肃军纪

门廊

孙中山与南京临时政府史料展内部陈列

卧波太平湖 ——漪澜阁

清代建筑漪澜阁重修于同治九年（1870年），它四面环水，灰瓦砖木结构，单层歇山顶，三楹开间，雕花门窗。正面为屏风式门，门上雕瓶鼎图案，寓"平等"之意，檐柱上雕刻金狮，阁顶屋脊正中有一瓷葫芦瓶，内盛清水，传为镇火宝物。屋脊则饰以水中卷草纹样，水能克火，寓意驱灾辟邪。阁南临水露台可作拜月听曲之用，东西各有一座单孔石拱桥与岸相连。露台上围有石栏，栏上刻十数只小狮，憨态可掬。立台南望，微风拂水，波光涟漪，舫阁楼榭倒映水中，电影《红楼梦》贾母指石舫骗宝玉说"船来了"的镜头就在此拍摄。此阁又名"水民双鉴轩"，寓意"水能载舟，亦能覆舟"。该阁曾为太平天国天朝宫殿的机密房，中华民国临时政府成立后，孙中山每天从这里往返住所与办公室间，有时也在此办公、会客或休息。20世纪三四十年代，此处先后成为国民政府高参室、参谋本部和总统府军务局办公处。

1906年清两江总督署煦园之漪澜阁旧照，可见当年太平湖沿岸皆有石砌栏杆

1930年代朱偰先生所摄西花园漪澜阁旧影

空中俯瞰立于太平湖之中的瀚涧图

西线景区

漪澜阁内景

漪澜阁古建屋顶造型

漪澜阁之夜

武圣忠义勇 ——关帝庙

清军入关不久即在督抚西箭道修建关帝庙，借祭祀汉人敬仰的武圣关羽为名，缓和满汉民族矛盾。院内 2002 年出土的《关帝武圣庙重修记》石碑立于清顺治年间，由清代首任两江总督郎廷佐撰写碑文，记载当时捐资修庙事。

郎廷佐系明朝降将熙载之子，是清初立清肃明的功臣，从顺治十二年（1655 年）至康熙七年（1668 年）督两江区域长达 14 年，其间剿抚兼施，恩威并用，采取措施化解满汉矛盾。顺治十六年（1659 年）关帝庙修竣，郎廷佐亲自祭拜并撰写碑文，宣扬关帝"忠""义""勇"精神，意欲瓦解民间反清复明势力以巩固清王朝统治。

关帝庙建成不久，郑成功率十余万水陆大军，于六月崇明岛登陆后，七月军至焦山，袭破瓜洲，攻克长江门户镇江，后相继在江宁太平、观音、神策、金川、钟阜、仪凤、江东等门外立营 83 座，排列大炮，并且切断水上交通，形成围城之势。时任两江总督的郎廷佐正驻守在江宁，当时江宁城中守军总兵力不过三万人，面对大军兵临城下，郎廷佐镇定自若，他一面施展诈降缓兵之计，暗中又紧急向临近各省调兵，等各路援军赶到时，他又利用郑成功部士气松懈之机，出奇兵而大获全胜。此役郑成功损兵折将，被烧毁水师船只五百余艘，兵败返回厦门。这场战役使原来动荡的长江以南流域得以安定，郎廷佐功不可没。庙内另有一块记录捐款重修者名录的《助工题名碑》，立于顺治十六年，距今已有 300 余年历史。

现关帝庙为 2002 年复建，上悬"关帝庙"匾额一块，檐柱上有对联一副：先武穆而神大汉千古大宋千古；后文宣而圣山东一人山西一人。其意为大汉名将关羽与大宋精英岳飞（谥号武穆）前后相距千年，名垂千古；关羽是继山东文宣王孔子之后，出自山西的武圣人，此二人一文一武彪炳史册，各领风骚。

关帝庙碑刻

西线景区

关帝庙

平民大总统的 92 天 ——孙中山起居室

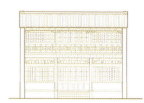

  总统府图书馆东南一栋两层小楼为孙中山起居室，建于清宣统元年（1909 年），原为两江总督署高级幕僚住所。孙中山出任中华民国临时大总统至辞职后共在此居住 94 天。

  楼下会客室墙上悬挂中山先生手迹条幅"革命尚未成功，同志仍须努力"，体现了一代伟人锐意进取的革命精神。楼上三间分别是盥洗室、餐厅与卧室兼书房。孙中山饮食起居相当简单，卧室除床外，仅书桌一张，书橱一只，大衣橱一个。1912 年 2 月 20 日，孙夫人卢慕珍携女儿孙婉、孙娫来到总统府，一家人就居住在府内太平湖边的小院里，虽是粗茶淡饭，倒也其乐融融。后来子女们在回忆这段生活时说："总统府里饭菜还不如家里的好吃。"

  院落东面为侍卫室。楼前置放两座雕工精美的汉白玉水盆，盆径 80 厘米，四面装饰龙头，其间雕刻八仙纹饰，一说为华侨赠送孙中山就任临时大总统的贺礼，一说为北京圆明园遗物，1930 年建谭延闿墓时从北京运来。院里一株女贞树枝繁叶茂，树龄已 200 多年，它见证了"平民大总统"孙中山当年为国家独立、民族富强而奋斗的那些日日夜夜。

孙中山像

1912 年 3 月，孙中山子女在西花园留影

1930 年代拍摄的孙中山起居室

起居室楼前汉白玉石缸精美雕刻之一

起居室楼前汉白玉石缸精美雕刻之二

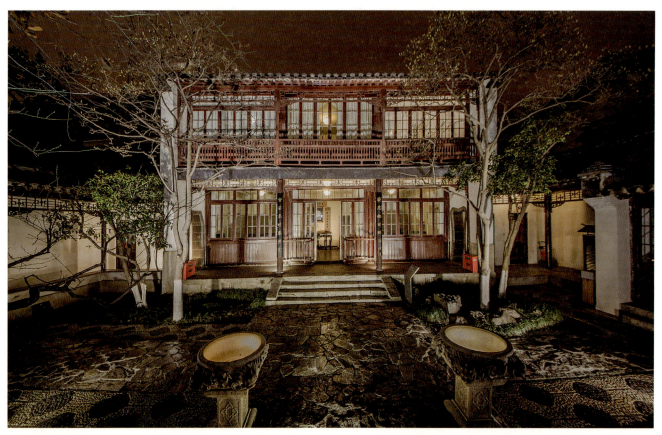

孙中山起居室之夜

清明时节雨纷纷。雨中的孙中山起居室，游人至此缅怀一代伟人

孙中山起居室内部陈设

总统府图书馆鸟瞰

西线景区

湖畔静观霜叶红 ——博爱湖、总统府图书馆

  煦园北部博爱湖原址是中国人民解放军某部礼堂，2004年拆除并扩建挖出的人工小湖，因紧邻孙中山临时大总统办公室而命名"博爱湖"。湖心有小岛，遍植红枫，故名红枫岛。湖东坐落一黄色三层歇山顶西式建筑，始建于1930年年底，有长廊与中轴线上的子超楼相连，国民政府参谋本部即成立于此。抗战胜利国民政府还都后改为军令部，后又辟为国民政府、总统府文官处图书馆，主要保存历年印行的国民政府（总统府）公报及主席（总统）手谕等重要档案。1949年国民党政权撤离南京时将档案悉数带走。

总统府图书馆

图书馆长廊

博爱湖

总统府图书馆二楼外廊

西线景区

总统府图书馆长廊

图书馆外廊三楼内景

空中俯瞰总统府图书馆北立面

民国走马回字楼 ——国民政府主计处

国民政府主计处于 1931 年 3 月成立，陈其采任主计长，任职长达 16 年，1946 年才因病辞职，由徐堪继任。主计处负责国家岁计、会计、统计工作，以相关统计资料作为编制施政计划、预算以及事后考核的依据，使设计、执行、考核三者相互结合成为主计体系，并以主计总处为中心，在各级政府机关设立主计室或主计处。

1935 年建成的国民政府主计处办公楼位于总统府门楼西北侧，设计师为薛云龙。该楼面积达 2473 平方米，由上下两层走马回字形楼房环绕成一方院落，颇具艺术审美及文物研究价值。1982 年，在此建筑的室内地板下发现一口古井，井栏为五色石，很有可能就是《四梦汇谈》所述天朝宫殿西朝房的"五色井"。

空中俯瞰主计处走马回字楼式建筑

主计处庭院内立面

大楼东入口照壁

五色井为当年太平天国天王府饮用水井，砌井石材取自南京青龙山，因石质有时呈现五种颜色而得名

主计处回形长廊

主计处彩色水磨石地面装饰

砖瓦依稀民国风
——"总统府"文化服务区（南京 1912）

"总统府"文化服务区（南京1912）是集休闲、娱乐、餐饮于一体的文化一条街，古都金陵最具民国风情的时尚新地。街区位于南京市长江路与太平北路交汇处，沿总统府西北围墙整体呈L形布局，在3.4万平方米的总占地面积内，错落有致地分布着17幢青灰与砖红色彩相间的民国式建筑，以及共和、博爱、新世纪、太平洋四个主题街心广场。街区建筑群多为现代仿民国式建筑，而真正留存至今的民国建筑是太平北路东侧由一道石拱门连缀的数栋双层红砖洋房，民国时期曾经用作国民党上校以上军官宿舍，在其西北不远处还有两座保存完好的庭院式老别墅。

1912年是民国元年，当年"南京1912"之名从600多个征集方案中脱颖而出，打动了所有人的心。民国只有短短三十八年，却在南京这座城市的历史上留下许多印迹，而1912年创建共和之举无疑是其中最风雷激荡的一记烙印。您若游览完总统府景区后仍觉游兴盎然，大可选择在此街区盘桓小憩，品尝各类美食，还能在时光车站乘坐复古小火车，于鸣笛声声中感受穿越时光的浪漫之旅。

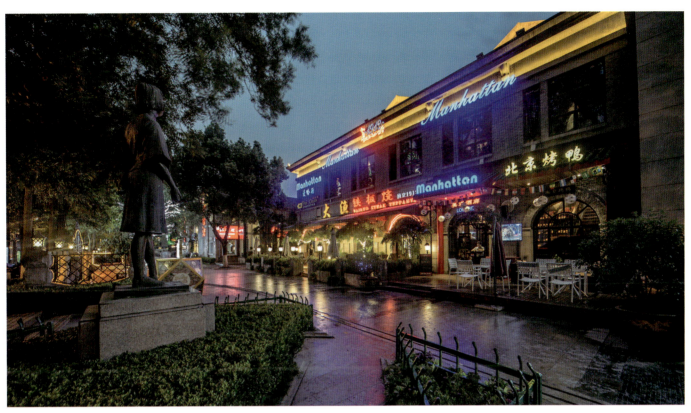

西线景区

内容提要

这是一本集历史文化、建筑艺术、旅游摄影为一体的综合性图书，通过翔实历史资料与系列新老图片，依照先中线、再东线、后西线的游览顺序，依次讲述明、清、民国三代古建遗存的来龙去脉、轶闻掌故，全面展示南京"总统府"内诸多史迹名胜的前世与今生，让读者得以深入了解中国近代史上那段风雨如磐的曾经过往……

图书在版编目（CIP）数据

图说南京中国近代史遗址博物馆 / 南京中国近代史遗址博物馆管理建设办公室编 . -- 南京：东南大学出版社，2020.12

ISBN 978-7-5641-9215-0

Ⅰ . ①图… Ⅱ . ①南… Ⅲ . ①中国历史 - 近代史 - 遗址博物馆 - 南京 - 图解 Ⅳ . ① K928.725.31-64

中国版本图书馆 CIP 数据核字 (2020) 第 223403 号

图说南京中国近代史遗址博物馆
Tushuo Nanjing Zhongguo Jindaishi Yizhi Bowuguan

编　　者：	南京中国近代史遗址博物馆管理建设办公室
责任编辑：	张丽萍
书籍设计：	皮志伟
出版发行：	东南大学出版社
社　　址：	南京市四牌楼 2 号　邮编：210096
出 版 人：	江建中
网　　址：	http://www.seupress.com
电子邮箱：	press@seupress.com
经　　销：	全国各地新华书店
印　　刷：	南京艺中印务有限公司
开　　本：	889mm×1194mm　1/16
印　　张：	17.75
字　　数：	356 千字
版　　次：	2020 年 12 月第 1 版
印　　次：	2020 年 12 月第 1 次印刷
书　　号：	ISBN 978-7-5641-9215-0
定　　价：	168.00 元

本社图书若有印装质量问题，请直接与营销部联系。电话（传真）：025-83791830